현대신서
39

사실주의 문학의 이해

비평, 역사, 시학에 대하여

귀 라루

조성애 옮김

東文選

사실주의 문학의 이해

GUY LARROUX

LE RÉALISME
Éléments de critique, d'histoire et de poétique

© Editions Nathan, 1995

This edition was published by arrangement
with Editions Nathan, Paris
through Shinwon Literary Agency, Seoul

차례

서론 ... 9

I 비평적 지표 ... 15

1. 애매한 용어 ... 18
다의성 ... 18
'주의'라는 분류표의 단점 ... 22

2. 사실주의와 사실임직함 ... 27
예술상의 사실임직함 ... 27
고전주의의 사실임직함 ... 30
낭만주의의 논쟁들 ... 34
사실임직함과 문학사 ... 37

3. 미메시스의 문제 ... 41
모방의 전통에 반대하는 형식주의 방법 ... 43
언어에 대한 논란 ... 45
재현의 조건들 ... 49
사회 문제의 매개 ... 52
텍스트와 사회-역사적 맥락간의 구분: 어려운 논의 ... 54

II 19세기 작가들의 행보 ... 63

1. 19세기 사실주의 ... 65

2. 진지한 태도 ... 71

3. 여러 문체의 혼합 ... 76
고전주의 체계 ... 76
위고: 괴기미와 숭고미 ... 78
소설에 나타난 '진지하며 희극적인 태도' ... 80

4. '하층 계급' ... 85
'소설에서 표현될 권리' ... 85

서민을 보는 방식 87
　　서민의 소리를 재현하는 방식 95
　　개인들의 운명 100
5. 역사적 의미 105
　　사건들의 자취 106
　　역사적 해석 109
6. 사실주의 / 자연주의 115
　　말의 사용 115
　　집단의 전략 120
　　종합 평가 124

III 사실주의 텍스트의 시학적 요소 133

1. 사실주의에 대해 다시 말하기 135

2. 유연성 139
　　자의성과 유연성 139
　　사실적인 첫문장 141
　　묘사의 시나리오 143

3. 일관성 146
　　텍스트의 논리 146
　　수사학 149
　　묘 사 153
　　종 결 157

4. 사실주의의 발화 행위 164
　　순수한 이야기라는 이상 164
　　발화 행위의 제 문제 167

5. 인물의 문제들 174
　　유형들 174
　　인물의 부각 176
　　인물의 말 177
　　육 체 179
　　시 각 183

6. 보기 / 쓰기 188

쓰기 위해 보기 ·········· 188
보기 위해 쓰기 ·········· 192

결론 ··········197

원 주 ··········203
연대순으로 본 작품들 ··········206
참고 문헌 ··········211
색 인 ··········216

서론

사실주의라는 말은, 실질적으로 다른 부류의 작품들을 포함해, 어디에나 광범위하게 붙여지는 '주의'라는 분류로 인한 불리한 점을 감수하는 것 외에도, 특히 애매한 개념으로 인한 온갖 곤란한 문제를 내포하고 있다. 철학적으로 혼란스럽게 사용되어 왔고, 가장 일상적인 것에서부터 가장 전문적인 것에 이르기까지 어디에나 사용되어 왔지만 사실주의라는 말의 표면상의 공통점은 사실성의 제시라는 의미뿐이다. 그렇다면 어떤 사실성인가? 예전의 철학이 제시해 왔던 것처럼 개념들의 사실성인가, 요즈음 그렇게 사용하고자 하는 것처럼 경험에 대한 사실성인가, 또는 예술 작품에서 구체화되는 사실성인가? 미학적인 의미에 한정되어, 대체로 작품과 현실의 관련성을 지칭할 때도, 사실주의라는 말은 여전히 논의의 여지가 많다. 이 문제는 아리스토텔레스가 예술을 '미메시스,' 즉 자연의 모방이라고 정의했던 2천 년 전보다 더 이전부터 논의되어 왔었다. 이런 토론을 통해 자연의 모방이라는 생각은 주기적으로 성찰되었고, 20세기에 들어와서 사실주의가 비평되고, 문제가 야기되면서 어떤 점에서는 가치를 상실하는 일이 일어나기 전까지는 오랫동안 높이 평가되어 온 유산을 남겼다.

다행히 비난을 비켜 간 것과는 별도로, 사실주의는 특별한 '주의'로 받아들여진다. 실제 사실주의의 문제는 서구의 모든 문학과 관련된다. 에리크 아우어바흐는 《미메시스》라는 자신의 책(1946년부터 발간)에서 서구 문학에 나타난 사실주의를 훌륭히 조명했다. 아마 다른 곳보다 특히 프랑스 문학사에서 사실주의가 쟁점화되어 왔다고 볼 수 있다. 이 논의는 사실임직함(vraisemblance)의 미학을 내세우는 고전주의 미학의 중심이 되었고, 예술에서의 더 위대한 진실을 내세우는 낭만주의의 투쟁의 쟁점이 된다. 이러한 쟁점은 사실주의-자연주의 운동과 일치하면서, 훨씬 더 분명히 투쟁적인 방향으로('모든 사실을 말하자!') 돌아서게 되었다. 그 결과 19세기 소설이 곧 사실주의라고 할 정도가 되었다. 이런 변화의 결과들은 가장 전문적인 담론(비평가의 담론)에서부터 사전에 이르기까지 어디에서나 보인다. 소위 '사실주의' 작가들이 선택되고 있는 문학 교육과 학교 교육 프로그램을 빠뜨릴 수 없다. 20세기초의 많은 비평가들이 이들을 경시했던 경우를 생각해 볼 때, 교육계에서 이들 작가들이 인정받은 것은 뜻밖인 셈이었다.

이런 식의 오랜 역사가 지금도 이어지고 있다. 아주 공식적인 장인 〈스톡홀름 연설〉에서, 클로드 시몽이 사실주의의 문제를 분명히 짚었다. 그가 두 가지 사실에 입각해 이 문제를 짚었다는 것이 의미 있다. 첫째, 이미 오랜 전통인 사실주의 개념에 대한 비평, 특히 보들레르, 러시아 형식주의자, 누보로망 같은 수많은 준엄한 비평가들을 언급했다. 두번째로, '자칭 전통 사실주의 소설'이라는 유형에 대해 언급했다. 그 유형에 따르면, 클로드 시몽은 자신이 소설가인지 더 이상 알 수 없었으나, 20세기에 와서는 그 혼자만이 그런 것이 아니었다.

그래서 1985년의 노벨협회는 우리들에게 사실주의 개념의 사용 방식에 대해 어떤 지침을 제시했다. 그 개념을 어느 정도 무시할 수도 없지만, 아주 예전부터 프랑스에서 이 이름으로 일어난 학파·운동, 그 중에서도 프랑스 전체에서 일어난 사실주의-자연주의 운동에 적용되었던 개념을 그대로 받아들일 수도 없다. 그렇지만 사실주의의 개념은, 프랑스와 그밖의 지역에서, 19세기 산업 사회의 출현과 함께 나타난 이 운동과 밀접한 관계에 있다. 이 운동은 세계적인 걸작들을 태어나게 했을 뿐만 아니라(발자크·플로베르·졸라가 전세계에서 읽혀지고 이해된다는 것은 우연이 아니다), 이를 넘어 사실에다 새로운 감각을 창조해 냈고, 이 감각을 새로운 형태로 태어나게 했다. 더 학문적으로 말하자면, 새로운 장르의 미학과 시학을 창조했다.

이런 어려움을 고려해서 이 작은 책의 목록이 결정된 것이다. 지금도 계속 논란이 일고 있는 이 문제를 다룬다는 것이 가능하지 않고, 이 문제가 1850년경에 제기되기 시작했다고 말하는 것도 가능하지 않기 때문에, 제1장(비평적 지표)은 이 문제가 제기되었던 애초의 광범위한 토론 안에서 이 문제를 재고하기 위해 필요한 몇 가지 요소들을 제시한다. 제2장(19세기 작가들의 행보)은 19세기 자체 내에서 현대적인 사실주의를 파악하고자 한다. 사실주의-자연주의 운동이, 요컨대 절대시되었기 때문만이 아니라, 이 운동에서 우리가 멀어질수록 사실주의 소설가의 어떤 방식이 이해되지 못하기 때문이다. 소설이란 '성실하고 열정적이며, 생생하고 위대한 형태의 문학 연구와 사회 탐구'라고 20세기말에 누가 감히 말할 수 있겠는가? 1860년에 공쿠르 형제는 그렇게 말했다. 그러나 이런 취지의 선언에 담겨 있었던 사실주의의 가장 귀중한 유산은 오랫동안 등한시되어 왔다. 사실주의 문체라는 존재를 알아차리려면 비평가들이 작품들의 같은 소재들을 자세히 살피고, 이 소재들이 짜여진 방식에 관심을 갖는 것이 필요했다. 마지막 장(사실주의 텍스트의 시학적 요소)은 이런 문체에 대한 계획과, 이 계획이 구체적으로 실현된 양상에 전적으로 할애된다.

I

비평적 지표

사실주의 개념을 명확히 하려는 일은 쉽지 않은 길이다. 이 용어는 겉만 익숙한 용어일 뿐 가까이 살펴보는 순간부터 특히 애매해지는 용어이다. 이 용어는 '주의'로 끝나는, 즉 어떤 '흐름,' 단지 문학적 흐름뿐만 아니라 더 넓게는 예술적 흐름으로 작품들을 분류시키는 꼬리표의 단점을 갖고 있다. 한편 이 용어가 19세기 사실주의-자연주의 학파와 작품들(공쿠르 형제·플로베르·졸라의 작품들)에 일치되어 온 까닭에 어떤 고정된 생각, 즉 이 학파가 재현이라는 광범위한 문제를 자기 혼자서 요약할 수 있을 거라는 생각에 빠질 위험이 있다. 그렇게 둘 수는 없다. 사람들은 언제나, 그리고 '사실주의'라는 용어가 나타나기 전부터 문학과 현실의 관계를 생각해 왔다. 그럼에도 이 용어 자체부터 시작해 보자.

1

애매한 용어

다의성

 분명하고 적합한 '사실주의'의 정의에서부터 시작하는 것이 물론 바람직한 일일 것이다. 그러나 불행히도 그런 일은 전혀 가능하지 않으며, 이 개념이 복잡하게 얽혀 있는 오해의 대상이라는 점을 고려할 필요가 있다. 그 점에서 사전들이 내린 결정을 인정할 필요가 있다. 여기서는 《로베르 소사전》이 내린 정의와, 이 사전이 구분하고 있는 네 가지 의미만을 보고자 한다.

 1. 관념들의 사실성에 대한 플라톤의 오래 된 학설. 개인적 존재들은 이 관념들의 반영일 뿐이다.

 2. 예술·문학에 대한 개념. 이 개념에 따르면 예술가는 사실을 이상화하거나, 사실을 순화시킨 상을 제시하지 말아야 한다.

 3. 현실의 비천하고 세속적인 면을 묘사하고 재현하는 경향.

 4. 사실을 참작하고, 사실을 올바로 평가하는 사람의 태도로 비현실주의와 반대이다.

선험적으로 그 차이를 분명히 하는 것이 쉽지 않은, 이 네 가지 의미는 서로간에 자주 충돌한다. 그렇다고 토론을 통해 분명해질 수도 없다. 이 책에서 많이 다루어지고 분명한 가치로 자리잡고 있는 일반적인 의미(4번)를 간단히 보도록 하자. 다른 사람을 비현실주의라고 부르는 것은(일상 생활에서와 마찬가지로 예술의 영역에서도), 자신이 사실주의의 미덕들, 현실에 대한 감각, 추상적인 것보다 우월한 구체적인 세상, 이론보다 우월한 사실과 일치된다고 보는 것과 같다.

  물론 이런 식으로 더 큰 가치를 부여하는 일을, 논쟁의 여지가 많은 맥락과 관련된 3번의 의미와 비교하는 일도 놓칠 수 없는 일이다. 여기서 사실주의란 예술 작품에 나타난 사실의 생생한 재현으로서 이해된다. 그러나 단지 그것뿐만이 아니다. 예를 들어 증언·탐방 기사 같은 것을 사실주의로 볼 수 없다고 비난할 수 있다. 모든 것을 보여 주어야 하는가? 그것은 저널리즘의 의무론에 관한 문제이다. 사실주의는 연극·영화·텔레비전의 관객들, 또는 독자들에게 과도함·저속함·난폭함으로 인지될 수 있다. 실상 사실주의에 대한, 즉 이 이름을 보유한 예술학파에 대한 비평적인 담론(2번의 의미)은 이 말이 광범위하게 사용되고 있음을 보여 준다. 그러므로 사실주의자들에게는 좋은 습속과는 반대로 빗나감, 참을 수 없는 재현, 더욱 나쁘게는 현실을 변형시킨다는 낙인이 찍혀진다. 사실주의는 그러므로 어떤 점에서는 타락으로 보여질 수 있다. 피에르 라루스는 《19세기 세계대백과사전》에서, 발자크에 대해 이렇게 강력히 말하고 있다.

이 세상과 사회에서 일어나는 모든 불명예스러운 일들을 자세히 기록할 필요가 있는가? 각자가 자신이 매일 목격한 모든 비열한 짓들을 쓴다면, 품성을 정화시킬 수 있는 책을 써낼 수 있을 거라고 생각하는가? 어떤 성격을 그려낼 때, 자칭 사실주의는 당신으로 하여금 왼발이 오른발보다 신발을 더 냄새나게 한다고 말하도록 강요하는 것은 아닌가? 바로 그런 일은 발자크가 자신의 거의 모든 도덕적인 그림에서 요구했던 일이다.

이런 격한 태도는, 발자크가 그렇게까지 '사실주의자'였다고는 생각할 수 없는 오늘날의 사람들에게 참으로 놀랍다! 이런 사실은 이 용어가 어떤 시대에는 극도로 과장될 수 있었고, 담론의 상황들에 따라 모순적인 의미뿐만 아니라 모순적인 가치로 평가될 수 있음을 깨닫게 해준다. 논란이 예상되는 이 용어의 성향은 그 자체로 흥미롭다. 즉 이 용어는 대립을 위해 제시되거나, 가치들을 부인하거나, 또는 어떤 방식으로든 다른 가치들을 인정하면서 어떤 것에 반대할 때 사용되어지곤 했다. 피에르 라루스 자신도 발자크에 관한 글에서 이 말을 나쁜 쪽으로 해석하면서 어떤 가치들은 간접적으로 옹호했는데, 이 경우 사실과 문학의 '바람직한' 관계, 간단히 말해 '바람직한' 사실주의를 옹호했다.

2번의 의미는 방금 보았던 방식에서 벗어나지 않는다. 게다가 《로베르 소사전》도 분명히 밝히지는 않지만, 예술에서 '사실주의'라는 이름을 가진 운동의 부정적이며 전복적인 정신을 강조한다. 어떤 시대에서 '사실을 이상화하거나 사실을 순화시키는 상을 제시하려고 하지 말 것'의 의미는, 나중에 설명하겠지만 플로베르의 주장처럼 부정확함·애매함·'감상적인 이야기'를 부인하는 것이다. 간단히 말해 낭만주의의 허구적인 상과 언어와는 반대로 정확하고 '진실한' 재현이다. 그러나 이러한 요구는 19세기의 전투적인 사실주의에게만 속한 것은 아니었다. 모든 문학사——주로 예술사——에서 대부분의 혁명은 드러내 놓고 말하지는 않았지만, 사실주의라는 이름으로, 선임자들의 사실주의보다 더 위대하고 더 심오한 사실주의라는 이름으로 이루어진 것이다. 하나의 사실주의란, 요컨대 다른 사실주의에 대항하면서 성립된 것이다.

1번의 의미는, 오래 되고 불분명해서 우리의 관심인 미학적 차원의 의미와 매우 다른 것 같아 보이기 때문에 옆으로 제쳐놓고 싶어진다. 그렇지만 유럽에서 '사실주의'라고 말할 수 있는 소설(필딩·디포·리처드슨의 소설)이 나타난 시기가 사실주의에 대한 철학적 개념이 수정되는 시기와 일치하고 있었다는 것을 주목해야 한다. 이 개념으로 개인은 개인적 경험의 가치와 마찬가지로 진실을 발견할 가능성을 갖게 된다. 전통을 거부하는 정신 상태는 소설의 정신과 관계가 있는 듯하다. 소설은 분명히 새로운 장르이고, 모든 관념에서 해방되어, 현대라는 현실에서 자신의 주제를 자유롭게 취하기 때문이다. 또한 자연과 플롯과의 관계도 있다. 차후 플롯은 일반적이고 추상적인 유형이 아니라 클라리스 할로·톰 존스, 또는 발자크의 라스티냐크와 같이 이름이 부여되고, 위치가 설정된 특별한 개인들을 포함시키게 된다. 게다가 바로 이런 인물들은 개인적 특성을 갖추도록 뚜렷한 공간과 시간 속에 설정되고자 한다. 그 결과 시간의 진행과 공간의 결정이 중요해진다. 다른 이들 중에서도 발자크·졸라의 공간 결정 방식이 유명하다. 보퀘르 기숙학교, 《제르미날》의 광산, 《부인들의 행복 백화점》의 백화점은 바로 형태 없는 그릇으로 볼 수 있다.

'주의'라는 분류표의 단점

문학계에서 사실주의는 관용적으로 인정된 용어이며 제도, 특히 교육 제도에 의해 인정된 용어로 자연스레 받아들여지고 있다. 문학 교육은 전통적으로, 전체적인 파악을 통해 현실에서는 결코 있을 수 없는 일관성을 차후 적용시켜 가면서 광범위한 전체를 서로 연결시키는 설명에 치중하고 있다. 사실주의(고전주의·낭만주의 또는 상징주의와 같은 제목으로)는 이러한 '주의' 중의 하나이고, 연속된 '주의'로 문학에 자연스러운 리듬을 띠기에 이르렀다. 사실주의는 다른 '주의'와 거의 같은 문제를 가지고 있다. 이들처럼 사실주의는 현실에서 서로 환원될 수 없는 독특한 작품들을 전체적 입장으로 다룰 때 쓰인다.

사실주의의 경우, 이러한 경향은 사실주의가 발전되던 때, 사실주의가 이론적인 자세를 확립하고 현대성의 영역에서 우뚝 서고자 했을 때——전투적인 국면을 맞이한 1850년대의 사실주의——특히 두드러진다. 그때 우리들에게 사실주의의 '대가들'로 비치는 몇몇 이들이 이같은 이름의 학파와 거리를 두고자 했던 일이 있었다. 다른 증거 중에서도, 미술에서 사실주의 학파의 거장인 쿠르베의 증언을 보자.

> 1830년의 사람들에게 낭만주의자라고 이름 붙여졌던 것처럼 사실주의자라는 명칭이 나에게 주어졌다. 어떤 시대에도 이런 명칭이 사물에 대한 정확한 개념을 보여 준 것은 아니었다. 만약 그랬더라면 작품들은 쓸모없는 것이 되었을 터이다.

그렇지만 쿠르베의 친구인 보들레르는 그와 거리를 두게 되면서 이렇게 말했다.

> (나는) 근시안적인 시각으로 사실주의라는 모호하고 난삽한 용어 뒤에 숨어 버리는 일단의 저속한 예술가들 무리에 혐오감을 느낀다.

졸라가 나중에 자신의 모델 중의 하나로 내세우게 될 플로베르도, 1879년 10월 21일 모파상에게 보내는 편지에서 훨씬 더 강한 투로 자신의 반감을 표현하고 있다.

> 더 이상 나한테 사실주의·자연주의 또는 실험론에 대해 말하지 마오. 너무 들어 지겹군. 얼마나 공허하고 얼빠진 소

리들인가!

이때 졸라의 자연주의는 특히 〈실험소설론〉(1880)과 더불어 합리화의 단계로 들어섰다는 것을 상기할 필요가 있다. 그런데 플로베르 입장에서는 유파적 분위기의 운동에 동참한다는 것이 당연히 그의 기질에 전혀 맞지 않았으며, 이 운동에 대한 사회 통념들을 공유한다는 것 역시 더욱 맞지 않았다. 격분한 그의 모습에서 '주의'로 된 어떤 용어들이 특히 부담이 되고, 어쨌든 어떤 이들은 거기서 벗어나고자 할 만큼 충분히 답답한 것임이 드러나고 있다. 게다가 이러한 억압감은 주의를 수용했던 이들에게서조차, 특히 자연주의자들에게서 뜻밖의 결과를 가져왔고, 이들 중의 선구자인 졸라로부터 시작되었다.

오랫동안 졸라는 자연주의 이론을 통해 이해되어 왔다. 마치 그의 작품이 이론을 해석하고 적용하는 장이었던 것처럼, 자주 이론적인 담론을 통해 작품을 결론짓고자 했다. 바로 거기에서 교육적인 전통은 모두 실험적 방법론에 기초하여 발전하였다. 예를 들어 《목로주점》이나 제르베즈 마카르의 이야기는, 환경과 유전에 관한 몇몇 이론이 소설로 증명된 것으로 이해되었다. 졸라에 대한 비평이 다시 새로워진 이후, 그와 같은 축약은 피하게 되었으며, 이론적 담론과 합리화를 떠나 작품 그 자체를 읽기를 원하게 되었다. 간단히 말해 사람들은 바로 졸라 자신의 실수로, 결국 그 자신을 방해하게 되었던 '주의'에 근거한 작품을 뛰어넘고자 애쓰게 된다.

분류표, '명칭'(쿠르베)으로서의 사실주의가 19세기를 특징 짓는다면, 완전히 해결되지 않은 문제가 남아 있다. 이렇게 글자로 고착되기 이전의 사실주의자들은 무엇을 하고 있었나?

사실주의를 모든 서구 예술에 나타나는 역사를 뛰어넘는 경향으로 보는가, 또는 반대로 역사적으로 분명히 자리잡은 개념으로 보는가에 따라 두 가지 방식으로 이 질문에 대답할 수 있다. 첫번째 경우 예술, 특히 문학은 항상 모방과 재현이라는 소명을 가지고 있으며, 이런 모방적인 요소의 중요성이 강조된다. 프랑스에서는 라블레·퓌르티에르·마리보와 다른 이들로 이어지면서, 중세 시대의 우화시에서부터 현대 사실주의에 이르기까지 이 점이 관찰되어질 것이다. 예를 들면 프랑스 문학사에서 어떤 것이 최초의 사실주의 소설인가와 같은 다양한 질문이 있을 수 있다. 20세기초의 대학계의 비평가인 귀스타브 랑송은, 1623년의 소렐의 《프랑시옹의 웃기는 이야기》가 최초라고 본다. 그러나 아우어바흐는 자신의 중요 저서인, 〈서구 문학에 나타난 현실의 재현〉이라는 부제를 단 《미메시스》[1]의 첫번째 장에서 호메로스를 꼽고 있다.

중요한 것은 아마 이런 것이 아니라, 이런 초역사적인 특징이 무엇인지를 설명하는 일이다. 그럴 수 없다면, 항상 되풀이되는 같은 도식을 찾아보아야 할 것이다. 사실상 모든 사실주의란, 간단히 말해 이상주의와 환상의 측면, 합리주의와 일상 생활의 관찰이라는 측면을 오가는 시계추와 같은 문학사의 개념 속에서 나타나는 반작용을 의미할 수 있을 것이다. 그러나 이러한 모방적인 경향을 발전의 단계로서 볼 수도 있다. 이 경우 현대적인 사실주의(19세기 사실주의)가 이 단계를 완성시키고 결말지었다고 볼 수 있다. 그러나 사실주의를 문학사의 어느 시기에 나타난 형태로, 그렇게까지 우선시할 것이 없는 미학적 규범들의 단순한 체제로도 볼 수 있다. 여러 가지 정의들이 나올 수 있는 다양한 접근 방법을 요약해 보자. 사실주의는 다음과 같이 볼 수 있다.

1. 문학사 전반에 나타나는 보편적인 반작용(이상주의·아카데미즘 등에 대항한).

2. 현대적 사실주의와의 일치로 나아가는 운동(목적론적인 개념).

3. 역사적으로 자리잡은 미학적 규범들에 부응하는 모든 작품(반목적론적인 개념).

접근 방식이 다를지라도 19세기에 대한 언급, 그러니까 이 시대의 '사실주의 학파'에 대한 언급은 거의 피할 수 없는 일임을 알 수 있을 것이다. 그것은 이 질문이 훨씬 더 광범위한 역사 속에서 나왔다는 것을 무시하기가 힘들다는 것을 말해 준다.

2

사실주의와 사실임직함

한 중요 저서에서,[2] 로만 야콥슨은 대부분의 미학적인 혁명이 차례로 주장해 왔으며, 만능열쇠처럼 어떤 경우에도 적합한 용어인 사실주의 개념에 얽혀 있는 모든 혼란을 밝혔다. 대체로 여러 가지가 혼동될 위험에도 불구하고 구별 없이 이 말이 사용되어 왔다.

예술상의 사실임직함

A) 미학적 통념을 변형시키거나, 또는 이와는 반대로 어떤 기존의 전통에 일치할 수 있도록 작가가 의도한 계획안으로서의 사실주의.

―― 최근의 양식은, 조화의 미학인 고전주의 미학에 의해 완벽하게 나타난다. 예술의 유효성, 사실임직함의 개념, 그리고 모방되어져야 하는 바로 그 자체, 즉 인간적 자연으로 이해되는 자연에 대한 광범위한 교감이 작가들과 바로 대중 안에서 일어났었다.

《제르미니 라세르퇴》(1864)의 서문은 반대로 예술에서의 진실이라는 이름으로 기존의 통념들을 반대하고자 하는 의지의 좋은 예를 보여 주었다. 시작부터 강한 어조이다.

이 책을 대중에게 드린다는 점에 대해 대중의 용서를 구해야 한다. 그리고 거기서 발견하게 될 것에 대해 알려 주어야 한다.
대중은 허구적인 소설을 좋아한다. 그런데 이 소설은 진실한 소설이다.

B) 현행의 미학적 규범들을 인정하든가, 현실을 굴절시키고 변형시킨 규범들을 거부할 수 있는 **독자들에 의해 지각된** 사실주의.
―― 고전 연극의 대중도 미학적 통념들을 인정하는 경우를 보여 준다.
―― 그 반면 스탕달이 《라신과 셰익스피어》(1823-1825)에서 창조한 낭만주의자의 모습은 거부의 전형이다. 풍자적 문체로 쓰여진 이 대화체 작품에서, 낭만주의자는 아카데미즘과 19세기에 와서는 받아들일 수 없게 된 그 유명한 규칙들, 그리고 라신을 정식으로 공격하면서 셰익스피어가 더 진실하다고 옹호한다.
대체로 이러한 문제는 전위 미학파들의 특징이다. 마그리트·막스 에른스트 또는 미로의 그림 같은 초현실주의적인 그림들이 사실을 터무니없이 변형한 것으로, 또는 반대로 사실과 환상이 같이 짜여진 구조로, 아주 다르게 받아들여지는 상황을 보는 것으로 충분할 터이다.

C) **학파**로서의 사실주의, 즉 실상은 '19세기의 한 학파가 보여 준 특징들의 총체.'

프랑스의 경우, 문학과 마찬가지로 미술에서도 적용된다.

D) **기법**으로서의 사실주의, 즉 환유법과 제유법 같은 몇몇 수사학적인 문체가 두드러지는 문체로서의 기법. 제3장에서 다시 살펴보고자 한다.

E) '합리적인 **동기 부여**'를 요구하는 사실주의. 이러한 동기 부여 방식을 통해 '시학적인 기법이 증명'되는 방식을 이해할 필요가 있다. 사실주의 작가란 구성을 이끌어 가는 방식이 있고, 인물을 그리거나 묘사하든간에 사툴의 논리를 제공하고, 사실임직하지 않은 것은 피하며, 이야기에서 자의적인 모든 흔적을 제거하려고 애쓰는 이들이다.

보다시피 진정한 해체에 관련된 문제임을 알 수 있다. 먼저 여기 나타난 개념에서 보이는 극도의 상대성이다. 두번째로 이 개념은 더욱 개별적인 여러 가지 문제를 내포하고 있는데, 특히 일치의 문제(현실·규칙, 그리고 대중의 기대치와의 일치), 재현에 동기를 부여하는 문제, 기법의 문제 등을 가지고 있다. 우선 야콥슨이 사실주의를 규약으로, 즉 재현 규칙의 총체로 미리 정의하고 있다는 점을 받아들이도록 하자. 이 규약은 대개 기존의 규약과 반대되며(때따로 공쿠르 형제의 경우처럼 논쟁적인 방식으로), 자신들의 규약의 특징이 드러나기를 원치 않는다는 특이한 점을 가지고 있다. 《제르미니 라세르퇴〉는 이들 형제 작가들이 무어라고 하든 소설이며, 다시 말해 진실한 기록 문서와 '삶'이라는 인상을 주기 위해 애쓴 일종의 말의 장치이다.

사실주의가 결국은 사실처럼 보이게 하는 사실임직함일 뿐이라는 생각은 새로운 것이 아니다. 야콥슨 바로 전에(1921년에 쓰여진 야콥슨의 텍스트) 모파상은 〈피에르와 장〉의 서문으로 쓰인 '소설 연구'라는 글에서, 모든 사실주의의 환상적인 성질을 주지시켰다. 예술가가 사실을 충실하게 베끼는 사진사일 수는 결코 없기 때문에, 예술에서의 '모든 진실'의 이론은 지킬 수 없는 것이다. 모파상은 이 글에서 예술이란 이와는 반대로 언제나 선택·조정·구성·기법이라는 것을 기꺼이 보여 준다. 바로 거기서 다음과 같은 유명한 말이 나온다.

그래서 나는 재능 있는 사실주의자들이란 차라리 마술사라고 불러야 할 거라고 결론짓는다.

고전주의의 사실임직함

그러나 실제로 사실임직함에 대해 정확히 알려면 고전주의 시대로 가야 한다. 고전주의 시대에는 '사실주의'라는 말은 쓰이지 않았다. 그 때문에 사실주의가 1830년부터 시작된다고 보는 것이다. 그러나 모방에 대한 관심과 사실임직함에 대한 문제는 고전주의 미학의 중심이었다. 고전주의 미학은 특히 사실과 사실임직함의 차이를 분명히 인식하고 있었다. 흥미로운 것은 (우리에게) 일종의 더 바람직한 사실, 향상된 사실이라는 이유로 사실임직함을 선호했다는 것이다. 라팽 신부는 다음과 같이 설명했다.

> 사실은, 사실을 구성하고 있는 특수한 상황들과 혼합됨으로써 거의 언제나 불완전하다. 사실에 대한 개념을 잉태시킨 세상이 이 개념을 완성시키는 일과 멀어질 때, 그런 세상에서는 아무것도 태어나지 못한다. 대상들을 부패시키는 속되고 특이한 것이 전혀 들어가지 않은 사실임직함 속에서, 그리고 대상들의 보편적인 원칙 속에서 원형들·표본들을 찾아야 한다.

고전 비극의 인물들은 상당히 분명하게 이 계획과 일치된다. 사실을 모방한 것이 아니라 예술의 규칙에 따라 오히려 전이된 (역사 또는 전설에서), 그리고 특히 삼일치의 법칙 덕분에 모든 특이함에서 자유로운 인물들은 일종의 일반성과 관념성을 취하게 되었으며, 이로 인해 인물들은 표본이 되었다.

오비냐크는 《연극의 실제》(1657)에서 사실과 사실임직함의 차이에 대해 다르게 설명하고 있다.

> 연극에서는 보여질 수 없고, 재현될 수 없는 사실들이 많이 있기 때문에, 사실성이 연극의 주제가 되지 못하는 것이 일반적 원칙이다. 바로 그런 이유로 시네시우스(Synesius)는

시와 모방만을 내세우는 다른 예술들은 사실을 있는 그대로 따라갈 수는 없으나, 사람들의 생각이나 통상적인 감정은 따라갈 수 있다고 강조한다.

비극작가들은 매우 인기 있는 사실이고 역사로서 증명된다 해도, 네로가 자신의 어머니를 교살하고 가슴을 벗기는 모습을 그대로 보여 줄 수는 없을 것이다. 마찬가지로 끔찍하고 신빙성이 없다는 단순한 이유로 보여 줄 수 없는 일들이 많이 있다. 모든 자연이 다 예술로 표현되지는 못한다. 《크롬웰》의 서문에서 빅토르 위고는 "모든 자연은 다 예술로 표현된다"라고 주장하면서 정확히 반대 입장을 취한다.

고전적인 사실임직함은, 그러므로 우리 현대인들이 일반적으로 이해하고 있는 것처럼 사실과의 일치나 역사와의 일치를 의미하지도 않는다. 그 시대의 토론들이 보여 주듯이 사실임직함은 다른 종류의 자연이다. 우선 《클레브 공작부인》(1678)은 특히 이런 문제를 상기시킨다. 라 파예트 부인은 여주인공이 더 이상 모른 척할 수 없는 사랑에 이끌리지 않기 위해, 남편에게 고백한다는 상당히 특이한 해결책을 택한다. 이러한 태도는 어떤 행동 방침에도 나타나지 않는 이야기이기 때문에, 그리고 사실임직함에도 그 당시 관례에도 맞지 않기 때문에 비정상적인 방법이라고 판단되었다. 현대의 독자는 이 점에 대해 물론 아주 다르게 판단하며, 이 이야기의 '사실주의'에 대해 아주 다르게 인지한다. 여기서 야콥슨의 정의 B를 정확히 다시 보게 될 것이다.

라신의 《페드르》에 대한 다른 토론 과정을 보도록 하자. 페늘롱은 《아카데미에 보내는 편지》에서, 테라먼이 이폴리트의 죽음 앞에서 하는 말에 사실임직하지 못한 점이 있다고 밝힌다. 사실 제 정신을 잃고 숨을 헐떡이는 사람이 어떻게 그렇게까지 자세하고 장식된 문장을 쓸 수 있을까? 진짜 고통은 웅변을 토하기보다, 페늘롱 이후 소포클레스가 썼던 것처럼 신음소리나 절규로 표현하는 것이 더욱 '진짜' 같지 않을까. 요컨대 과장되고 우아한 말은 신빙성을 파괴한다.

일치(공론과 도덕의)와 **진지함**, 이러한 것들이 고전주의 사실임직함의 두 면이다. 대상 그 자체보다 신경 쓰이는, 또는 신경 써야 하는 공론이 더 중요하기 때문에 일치가 필요했던 것이다. 연극의 경우, 재현을 통해 설득해야 하고, 최후의 심의 기관으로서 판단내리는 관객의 확신을 이끌어 내야 하기 때문에 진지함이 필요했던 것이다. 그래서 재현을 생산하는 작가 쪽보다 오히려 수용자 쪽의 규범이 배나 중요하게 된다. 사실임직함의 원칙에 대해 실질적인 합의가 이루어졌어도, 실제 적용시 사실임직하지 않음도 논쟁의 대상이 된다는 것을 다시 말할 필요가 있다. 물론 가장 유명한 예가 《르 시드》의 경우이다. 코르네유의 이 작품은 사실임직하지 못한 주제 자체로 학파에게 비난받는다. 딸이 아버지를 살해한 사람과 결혼한다는 주제는 사실임직하지 않으므로 받아들일 수 없다는 것이었다. 그 유명한 법칙들은(코르네유는 자신의 《르 시드》에 대한 《검토》에서 이 법칙들의 엄격함을 불만스러워한다) 오랫동안 쟁점화되었고, 특히 24시간의 법칙이 문제가 되었었다. 연극의 인물들에게 이 법칙을 엄격하게 적용하려면, 스퀴데리의 말처럼 (《희극 배우들의 희극》에 대한 서문) "점심 식사 때, 저녁 식사 때, 그리고 잠자리에 들 시간 등에 찾으러 보내야" 할 것이다. 사실임직함의 영역은 이미 이 시대에도 불확실했으며, 우리들의 시대에 와서 더욱 불확실한 것은 당연하다. 폴리외크트· 페드르· 아르파공이 사실임직하지 못하다고 생각할 오늘날의 독자나 관객들에게 무어라고 대답할 것인가? 그 시대의 대중들이 그런 사실을 인정했다는 것을 안 이상 사실임직함들이 발전되었다는 것 이외에는 아무것도 말할 수 없다.

낭만주의의 논쟁들

낭만주의가 사실임직함의 영역을 쟁점화한 것은 분명히 우연이 아니다. 위고는 《크롬웰》(1827)의 서문에서, 특히 단일 법칙들을 공격하고 라신에 반대하면서 전략적으로 셰익스피어를 옹호하고, 다른 법칙들 중에서 장소의 일치와 비극의 진부한 공간을 공격한다.

이상한 것은 법칙을 필요 없게 만드는 것이 바로 사실인데 반해, 관습에 젖은 사람들은 사실임직함에 관한 두 가지 단일 법칙을 고수하고자 한다는 것이다. 어찌된 영문인지 도무지 알 수 없지만, 우리의 비극들이 기꺼이 전개되는 장소로 현관·회랑·대기실 같은 일상적인 장소가, 음모가들이 거창한 말로 폭군을 성토하며 떠들어대는 장소였다가, 이번에는 폭군이 음모가들을 성토하면서 나타나는 진부한 장소가 될 때, 이보다 더 사실임직하지 못하고 더 부조리한 것이 있겠는가.

앞에서 인용한 스탕달의 글에서, 아카데미즘과 낭만주의파들이 특히 시간의 단일 법칙에 대해 대립하는 것이 보인다. 아카데미즘은 1주일, 1개월, 또는 그 이상의 기간(위고의 《뤼 블라스》에서 사건이 일어나는 시간은 6개월로 되어 있다)이 2시간으로 재현될 수 있는 경우를 사실임직함의 반대 예로 들고 있다. 낭만주의파들은 사건이 24시간 또는 36시간에 일어나는 것은 더 이상 사실임직하지 않다고 대답한다. 원칙상 실제 재현의 실질적인 시간과 허구적인 행위의 시간은 똑같을 수 없을 것이다. 그러므로 관례와 관례의 싸움이다. 그러나 이 논의를 자세히 들여다보면 서로 대립하는 것은 사실임직함에 대한 두 개념임을 알 수 있을 것이다. 한쪽에는 논리적이거나 타당한 규칙들의 일치(재현된 시간과 재현하는 시간 사이의 일종의 균형을 가정하는 일치처럼), 다른 한쪽에는 제한받기를 원치 않는 환상의 힘이 있다. 이처럼 연극에서 허구의 시간 속에 파묻힌 채, 재현된 사물에 빠져든 관객은 더 이상 가지지 않는 시계의 현재 시간을 잊는다. 무대 위에서 구체적으로 시간이 보인다. 사실임직함의 개념은 (확장되는) 시간, (전개되는) 공간, 그리고 (중요 행위에 종속된 부차적 행위에서 분명히 나타나는) 행위의 연출 속에서 많은 자유를 보장해 준다.

법칙뿐만 아니라 모방에 대한 몇몇 개념이 맹렬히 비난받고 있다. 먼저 자연을 완벽하게 재생할 줄 알았다는 이유로 추천되었던 고대인들을 따르기를 거부하면서이다. 그러나 분명히 낭만주의 연극이 수정하고 싶었던 것이 바로 자연에 대한 이러한 생각이다. 위고가 《크롬웰》(1827)의 서문에서 열렬히 싸우며 옹호했던 것은 어떤 의미를 확장하기 위해서이다.

연극이란 일종의 시점이다. 이 세상·삶·인간 속에 존재하는 모든 것은 이 시점을 통해, 그러나 바로 예술이라는 요술지팡이를 통해서 반추되어야 한다. 예술은 장구한 세월들을 살펴보고, 자연을 살펴본다. 연대기들에 대해 질문을 던지며 사실들, 특히 풍속들과 특성들을 재현하려 애쓴다. 연대기 편집자들이 제거했던 것을 복구하고, 그들이 벗겨 놓았던 것에 조화를 불어넣는다. 그들이 빠뜨린 것을 알아내어 다시 수선하며, 시대를 통찰하는 상상력으로 결핍된 부분을 보충한다…… 모든 것에 시적이며 동시에 자연적인 형태를 다시 부여하며, 진실한 삶과 꿈을 품게 하는 약동하는 삶, 관객을 사로잡는 사실이라는 매력을 다시 부여한다. 그리고 시인은 자신이 믿는 바대로 말하기 때문에 이런 일을 하는 첫 번째 사람이다.

역사를 계속 지칭하는('세월'·'연대기'·'연대기 편집자') 말에서처럼 넓은 의미에서 이루어지는 자연에 대한 해석이 충분히 보이는, 이런 말들은 전체성에 대한 야심을 의미한다고 볼 수 있을 것이다. 연극이란 구체적인 인간의 모습을 구체적 시간에서 파악해야 한다. 역사의 이런 장면 위에서, 모든 인간들을 그려내야 한다. 몇몇 드문 인물이나 비극의 추상적인 유형뿐만 아니라, '모든 표본을 드러내는 수닎은 사람들의 행렬'을 그려내야 한다. 결국 인간의 모든 것을 파악해야 하고, 기괴하고 황당한 괴기미와 마찬가지로 숭고미를 그려내야 한다.

사실임직함과 문학사

여기에서 더욱 일반적인 두 가지 사실을 관찰해 보자.

1. 문학사는 사실임직함의 어떤 개념들과, 이 개념이 야기했던 풍부한 사고를 과거의 일로 처리하면서 '삶'의 직접적인 관찰과 작가의 권한에 대한 현대적 사실주의 개념이 성립되기 이전에, 이 개념과 사고가 사라진 것처럼 다룬다. 그런데 사실주의 계획이 근본적으로 작가와 독자간에 세워진 **읽기에 관한 협정**이라는 점에서, 비록 이 협정이 문학 대중과 함께 고전주의 시대부터 상당히 변화되었을지라도 이런 신념과 확신은 사실주의 계획에서 중요하다는 것이 분명하다. 재현의 성질이 변했을지라도, 그리고 그 재현이 현대적 사실주의자들이 전달하고자 했던 '특별한 환상'일지라도, 믿음의 차원(—을 믿는, —와 함께 믿는)은 중요하게 남는다. 모파상은 이렇게 밝히고 있다. "위대한 예술가란 인류에게 자신들의 특별한 환

상을 받아들이게 하는 사람들이다." 받아들이게 한다는 것은 다시 말해 설득하고, 믿게 한다는 것이다.

비록 이들 일치에 관한 규범들이 바뀌었고, 현대 작가들이 겉으로는 대중의 의견이나 대중에게서 받은 기준들을 따르지 않을지라도, 일치에 관한 생각이 부적절한 것은 아니다. 일치란 공쿠르 형제들의 표현을 따르자면, "소설이 과학을 연구하고 과학의 의무를 자신의 지침으로 삼는" 시대를 다루는 현대 풍속사와 밀접하고, '진실한' 관계를 맺고 있다는 것을 의미한다. 일치의 문제는 도덕에 관한 한 항상 문제가 되고 있다. 피에르 라루스가 사실임직함과는 반대라고 판단된 과도함이 나타난다고 발자크를 비난할 때도 도덕이 문제가 되는 것을 볼 수 있다. 《보바리 부인》이 소송 제기되었을 때, 자신들의 그림들의 합목적성을 내세우는 자연주의자들의 담론에서도 도덕이 문제가 된다. 이들은 분명히 사회의 비열한 모습들을 보여 주고 상처를 드러내나, 그것은 치료를 위해서이다. 바로 이런 점이 졸라가 《목로주점》(1877)의 서문에서, 범죄들로 가득 찬 자신의 책을 비호하며 밝힌 점이다.

나는 한 노동자 가족이 도시 변두리라는 부패한 환경 속에서 전락하는 것을 그리고 싶었다. 음주벽과 무기력 끝에 가족의 유대 관계가 해체되고, 잡다한 집단의 외설스러움, 점차로 잊혀져 가는 진실한 감정, 결국 이 모든 것은 수치와 죽음으로 끝난다. 이것만이 현재의 윤리이다.

여기서 작가의 담론을 신중히 검토한 후 옹호해야 할지를 고려해야 한다. 물론 졸라의 소설을 '현재의 윤리'로만 읽는 것은 피해야 할 것이다. 졸라의 소설은 그 이상을 나타내기 때문이다.

2 몇 개의 지표들을 중심으로 역사적 흐름 안에서 살펴볼 때, 사실임직함의 개념이 사용 방식에서나 내용면에서 상당히 변했다는 것을 알 수 있었다. 고전주의자들의 합리적인 사실임직함은 환상의 힘, '관객을 열광시키는 사실의 매혹적인 힘'(위고)으로 이해된 낭만주의자들의 사실임직함을 포함시키지는 못했다. 이 환상의 힘 자체는 모파상에 의해 정의된 '눈속임 기법(illusionnisme)'과는 다른 힘이다. 〈피에르와 장〉의 작가는 실제 예술의 효과, 관점의 구성, 간단히 말해 시학으로 이해되는 사실임직함의 기법적인 의미에 입각하고 있다. 요약하자면, 사실임직함의 개념이 관점의 측면에서 이해되기를 요구하고 있다.

그리고 또 사실임직함이 고전주의 시대의 연극, 19세기의 소설같이 거의 언제나 한 시대를 지배해 온 예술 형태를 통해 정의된다는 것을 알아차리자. 물론 20세기의 예술들로 인해 사실임직함이 재고되었음을 인정하는 것이 타당하리라 본다. 가장 흥미로운 기여는 아마도 영화의 몫일 것이다. 어쩌면 사진이라는 특성 때문에, 제7예술인 영화는 예술과 자연과의 관계에 대해 자연적으로 깊이 생각해 왔다. 그리고 사실과 사실임직함에 대한 예전의 정의를 다시 취하면서 이 관계의 뜻을 분명하게 조명했다. 사실임직함은 수많은 논의의 중심이 되었었다. 예를 들어 배경과 관련된 사실임직함이 있다. 더 위대한 진실의 이름으로, 1960년대의 영화감독들이 찬미했던 것처럼 거리나 진짜 아파트에서 촬영을 해야 하는가? 스튜디오에서는 사물을 선택할 수 있으며, 현실에서는 흩어져 있었던 요소들을 모아 놓을 수 있었다. 자연적인 배경이 완전치 못하다는 한계에 비해 촬영, 빛과 음을 더 잘 조정할 수 있는 것과 같은 기술적인 편이도 누릴 수 있었다. 알랭 레네 같은 이는 "정확성과 사실주의는 스튜디오에서 더 쉽게 이루어진다"라고까지 말하고 있다. 그러므로 영화에서 사실적인 배경이 되기 위해서 자연적일 필요가 없으며 사실임직함, 즉 유사함을 만들어 내는 것이 사실보다 더 바람직하기까지 했다. 이 점에 관해 영화의 사실주의는 모파상에 의해 상기된 '눈속임 기법'과 상당히 근접하다. 더욱더 사실적이기 위해서 더욱더 기술이 필요하다는 것, 즉 인위적 수단이 더욱 필요하다는 역설은 소설과 영화의 공통점일 것이다.

3

미메시스의 문제

20세기에 들어와서 사람들은 재현의 위기에 대해 자주 말했다. 재현의 위기는, 비평과 작가들 자신이라는 이중의 지평선에서 기인한 미메시스 논쟁과 관련되어 있다.

여기에서는 격렬하게 비난했다는 이유로 누보로망을 특별히 강조해야 하리라 본다. 1960년대 누보로망은 모방이라는 전통의 근본 자체를 공격했다. 작품을 거울로 인지하는 이들이 우선시한 전통적인 상, 적어도 자연, 즉 구성된 질서가 존재하며, 이 자연이 재생될 수 있고, 언어가 이러한 재생의 도구가 될 수 있다는 것, 이 세 가지를 전제하는 모방의 전통이 공격된 것이다. 특히 문체의 우월함과 문체의 자기 지시적(autoréférentiel) 특성(문체는 자신만을 가리킨다)을 강조하면서, 사실의 예술적인 표현보다 사실이 우월하다는 것에 이의를 제기했을 때, 이런 전통에 대한 로브 그리예 같은 이들이 취한 일탈적인 입장(1961년,《누보로망을 위하여》에서 표현된)의 의미를 이해할 수 있다.

일단 이들 근본들이 뒤집혀지자, 누보로망은 '미지의 장르의 사실주의적 문체'[3]라는 다른 문체를 창조해 낼 의무가 있었다. 이 문제는 자연의 개념을 거부하면서, 인물과 이들 인물들이 살아가는 세상과의 관계에서, 19세기 소설들이 기꺼이 쓰고 이론화시켰던(환경의 영향) 이들간의 생생하고 편안한 관계들을 거부해야 할 것이다. 대개 이들의 작품, 특히 로브 그리예의 작품이 '자연적이지 않고' '비인간적'이라고 사람들이 불만스러워할 때 이 목적은 이루어졌다고 보아야 한다. 세상을 이야기하고 세상에 의미를 부여하는 대신, 이들 작품은 믿을 수 없을 정도의 세세한 묘사로 사물들의 모든 내면성과 모든 인간적인 성질을 인정하지 않으면서 이들의 존재를 설명하는 데 그쳤다.

묘사는 특별한 목적이 되었다. 전통적으로 문학의 지시 기능이 가장 잘 표현되는 데가 바로 묘사였다. 그런데 누보로망 작가들의 과도한 묘사는 자주 사물들의 '현실감을 없애며' 사물들의 영역을 혼란스럽게 하는 효과를 가져왔다. 한편으로는 사물의 범주 자체는 넓어졌다. 로브 그리예·리카르두·클로드 시몽의 텍스트는 무관심하게, 즉 한결같이 정밀하게 현실의 구체적 사물, 이미 재현되어 있는 사물(그림·사진·엽서)을 다룬다. 이렇게 만들어진 텍스트는 완전히 객관적이거나 완전히 주관적일까? 로브 그리예는 사실상 두 가지 다른 길을 통해 자기 작품의 '사실주의'를 옹호하면서, 두 가지에 모두 성공적으로 답한 셈이었다.

사실상 1960년대의 누보로망은 자신보다 앞서 러시아 형식주의자들, 즉 문학에서의 형식주의적인 방법들을 옹호한 자들이 시도한, 재현에 대한 비평을 소설에 적용시킨 것이다. 이들의 기여는 결정적이었다.

모방의 전통에 반대하는 형식주의 방법

아리스토텔레스 이후, 예술의 중요한 요인은 모방이라고 받아들여져 왔다. "예술은 자연을 모방한다"라고 《자연학》에 쓰여져 있다. 그럼에도 불구하고 아리스토텔레스의 견해를 단순한 면, 즉 예술을 자연의 재생이며 반복으로만 축소시킨다면 그의 입지를 아주 단순화시킬 수 있다. 예술은 실제 재생하는데 그치지 않으며, 자연을 확장시키고, 완성시킨다고 말할 수 있을 것이다. 자연적 생산을 완성시키는 이 모방의 국면은 바로 시적(그리스어로 poiêsis는 '창조'이다)이다. 아리스토텔레스가 일종의 특권을 연극에 부여한다면 연극이 탁월한 모방적 장르, 즉 인간의 행위를 직접적으로 보여 주는 모방적 장르이기 때문이다. 다른 한편으로, 연극은 재현 그 자체로 예술이 자연과 삶을 대신한다는 것을 보여 준다——설령 무대가 신뢰성과는 별도로 삶의 재현이 아니라 다른 것을 재현하기 때문일지라도.

20세기, 1920년대에 러시아 형식주의자들은 2천 년이나 된 낡은 아리스토텔레스의 전통을 거부하면서 시, 즉 언어의 시적인 사용이란 로만 야콥슨의 표현대로라면, 언어는 '명명된 사물의 단순한 대체가 아닌' 스스로 자체 내에서 인지된다는 데 있다고 주장했다. 이런 점에서 형식주의자들은 낭만주의자들과 상징주의자들, 특히 말라르메의 뒤를 이은 것이었다. 노발리스가 모든 예술에서 가장 모방적이지 않으며, 최고의 예술은 음악이라고 한 것은 의미 깊은 일이었다.

오해를 피하기 위해, 형식주의자들이 높이 평가했던 대로 언어의 시적인 사용은 시만의 특성이 아니라 문학의 특성이라는 사실을 분명히 하자. 광의의 시적 언어는 그러므로 자동적인, 자율적인 언어이다. 이런 특징은 언어를 재생의 수단으로, 중재의 투명한 도구로 여겼던 전통과는 반대이다. 이것은 언어를 도구 또는 반영으로 보는 개념이다. 거울의 이미지는 우리의 모든 문학에 흐르고 있다. 몇 가지 예를 들어 보자.

부알로는 《시학》(3편)에서 희극에 대해 이렇게 말하고 있다.

　이 새로운 거울 속에 교묘하게 그려진 사람마다
　그 속에서 기꺼이 자신을 보았거나, 전혀 보이지 않는다고 생각했다.

"소설이란 길을 따라 함께 가는 거울이다"(《적과 흑》의 서두 첫 인용구)라는 스탕달의 이 구절은 소설에 대한 유명하고도 미묘한 정의이다.

위고는 《레미제라블》에 대해 다음과 같이 말했다.

　책은 드라마와 혼합된 역사이며, 시대이고, 광대한 일생의 어느 날 현장에 있는 그대로의 인간을 비추는 커다란 거울이다.

형식주의 방법을 지지하는 이들은 바로 이 개념을 강하게 비판했다. 이 개념과는 반대로, 즉 지시와 문학과 사실의 관계라고 일컬어지는 것과는 반대로 이들 형식주의자들은 과정·재료·문학 형태의 자율성을 내세우고자 한다. 예를 들어 고골리의 《외투》에 대해, 보리스 아이헨바움은 (전형적인 형식주의 방식의 연구에서[4]) 다루어진 주제를 포함해 사실적인 이야기 방식도, 작가의 생애와 관련된 언급과 불확실하게 투영된 작가의 심리적인 경험도 더 이상 중요하지 않다는 것을 보여준다. 말의 선택과 배열이 중요하다고 보는 것이다. 사실주의적 의도보다 표현성, 미학적인 효과, 그리고 《외투》의 경우에는 현실과의 기괴한 게임을 위해 이루어진 선택을 의미한다. 이처럼 고골리가 인물의 손톱과 담뱃갑을 묘사할 때, 단편 그 자체가 하나의 세계, (말의 본뜻대로라면) 인위적인 세계(다시 말해 자신 고유의 법칙에 따라 구성된 세계로, 거기서 새 외투를 사는 일은 굉장한 사건이 될 수 있고, 모든 조작이 가능해지는 세계)로 구성되기 때문에, 사람들은 '사실주의'와는 전혀 관계 없는 확대·과장과 당면하게 된다.

언어에 대한 논란

형식주의 방법론의 광범위한 제거 작업이 순수히 언어학적인 비평의 면을 띠고 있음을 알아야 한다. 야콥슨의 아래 담론이 그 점을 설명하고 있다.

언어 표현, 문학적 묘사의 '자연적인' 사실임직함에 대한 문제는 (플라톤의 용어에 의하면) 분명히 의미가 결여되어 있다.[5]

허구의 담론에서, 문장들이 허구적이라는 이유만으로 거의 대부분 실제의 대상을 가리키지 않는다는 것을 주지해야 한다. 의미론에서 언표가 '사실'이기 위해서는, 이 언표와 지시 대상 사이에 그 관계를 입증할 만한 어떤 관계가 성립되어야 한다. 그래서 예를 들자면, 몇몇 진실의 조건들이 이 언표가 사실이기 위한 조건들을 충족시키지 못하기 때문에 '(하늘에서 내리는) 눈이 검다'와 같은 언표는 틀린 것이다. 몇몇 텍스트 형태(예를 들어 시적 또는 환상적 텍스트)에서 이런 일이 가능할 수는 있다.

그렇기 때문에 문학 텍스트의 '진실' 여부를 묻는다는 것은 생각만큼 반드시 적절한 것은 아니다. 어떤 은유가 다른 은유보다 더 사실적이라고 말할 만한 중요한 이유는 없다. 마찬가지로 사람들이 기꺼이 그렇게 하듯이, 어떤 인물의 '진실'을 상기시킨다는 것은 대개 어떤 경멸에서 나온다. 즉 텍스트 안에서만 지시 대상과 근거를 가진 인물, 실제로 읽기 전에는 존재하지 않았던 종이 위의 존재를 사실처럼 제시한다. 게다가 환상은 독자와 작가에게 공통적으로 속해 있다. 실제 작가는 종종 자신의 인물들과 창조물들이, 창조주인 자신에게서 벗어날 수 있을 정도로 그들 고유의 삶을 '산다'는 생각을 믿는 첫번째 사람이다. 어떤 입장을 설득시키기 위해서인지는 몰라도 "우리의 인물들이 생생히 살수록, 그들은 우리들에게 순종하지 않는다"(《소설가와 작중 인물들》)라고 프랑수아 모리악이 썼는데, 차후 이 말은 자주 비판된다.

허구에서의 지시 관계의 문제는, 언어학에서 그 문제가 제시되었던 것처럼 엄격한 제약을 받는다. 완전히 기호학적인 관점에서 본다면, 언어는 사실상 언어를 모방할 수 있는 것이지 언어로 되어 있지 않은 사실을 모방할 수 없다. 언어를 모방한다는 것은, 실제적으로 텍스트 자체에서나(인물의 어떤 말이 반복되어 취해진) 또는 텍스트 외부에서 이미 말해진 어떤 것(쓰여진 것 또는 말해진 것)을 모방하는 것이다. 그러므로 텍스트는, 예를 들자면 루이 아라공이 《파리의 농부》에서 했던 것처럼 현실에 실제로 있었던 글을 재생하는 것으로 생각할 수 있다. 마찬가지로 1870년의 전쟁 전에 시작되어 "베를린으로! 베를린으로!"라는 전쟁을 요구하는 외침으로 끝나는, 졸라의 소설 《나나》의 경우처럼 역사적으로 확인된 진술들을 재생할 수도 있다. 그러므로 이러한 것이 '사실주의 텍스트'라고 말할 수 있는 부분이다. 그런데 이런 사실주의 텍스트가 당연한 것은 아니다. 졸라에 대해서라면, 《제르미날》에 나타난 노동자들의 언어에 대한 비난들을 참조하는 것으로 충분할 것이다. 그를 비난하는 사람들은, 졸라가 진짜 노동자들의 말을 옮긴 것이 아니었다고 주장한다. 작가는 그 점에 대해, 자신이 그렇게 했다면 독자들은 거의 이해하지 못했을 거라고 멋지게 대답한다.

여기서 말을 옮길 때의 문제가 재등장함을 볼 수 있다. 정확하게 어떤 이의 말들을 옮길 수 있다고 가정하더라도, 침묵·억양·이야기 주변의 모든 것들을 재생할 방법이 없기 때문에 어떤 이야기를 전사하는 일은 결코 완벽할 수 없다. 이 문제는 전통적으로 두 가지 모방의 방식에 따라 구분된다. 드라마적인 방식과 서술적인 방식이라는 두 가지 방식은 각각 연극과 서사시로 대표된다. 드라마적인 방식은, 아리스토텔레스 이후 제스처와 말로 모방할 수 있는 연극이 가장 완전한 모방으로 간주된다. 바로 여기에서부터 다소 큰 모방간의 차이에 따라 말로 된 이야기들의 서열이 정해진다.

―― 우선 그리고 가장 모방적이지 않은 형태로 **이야기된 담론**(discours raconté)이 있다. 이 화법은 말로 표현되어 있지 않은 어떤 사건이 처리되고 묘사되는 방식으로 인용문이 배제되어 있다.

―― **치환된 담론**(discours transposé)은 간접화법으로 되어 있다. 인용되어진 말을 의미한다. 어떤 말을 인용하는 이가 자신이 말하지 않은 것을 책임져야 하는 이상 신뢰도가 보장될 수 없음을 주의하자. 다르게 말하자면, 소설에서 어떤 인물의 말과 서술자의 말이 통합된다는 것이다. 이런 과정에서 만들어질 수 있는 변형의 위험도 있다. 자신들의 방식으로 사람들의 공식 발언들을 전하는 신문기자들의 예에서 잘 드러난다.

―― **자유간접화법**(discours indirect libre)은 치환된 담론의 가장 독창적인 변이형이다. 이 화법은 더욱 복잡한 인용의 형태이며, 불명확한 경계를 가진(바로 이런 이유로 플로베르와 졸라 같은 소설가들이 매우 관심을 보였던) 특이한 표현 형태이

다. (《목로주점》에서 이 형태는 훌륭하게 사용되며, 나중에 이 점을 다시 살펴보고자 한다.)

──끝으로, 일반적으로 가장 모방적이라고 판단된 형태인 **인용문**(discours rapporté)은 이 명칭처럼 말해졌다고 추정되는 그대로 말들과 거리를 두면서(특히 따옴표를 사용하면서) 직접적으로 말하는 형태이다.

그러므로 말을 모방할 수 있다고 볼 때, 이 모방 능력은 분명하지도 단일한 형태도 아니라는 것을 알 수 있다. 이 모방 능력은 언어와 문체의 진정한 전략과 관련되며, 보통은 작가가 아주 분명히 의식하면서 선택한 것과 관련된다. 졸라가 서민을 그린 소설에서 자유간접화법을 사용한 것은 우연한 일이 아니다. 게다가 이러한 모방의 단계들은 자세히 살펴져야 한다. 이처럼 발화 행위의 몇몇 전문가들은 뛰어난 모방 형태이며 원래의 말들을 그대로 옮기기에 적당한, 인용문이라는 신기루를 쓰는 일을 잊지 않았다. 이런 인용문은 허구의 이야기에서 관념일 뿐이며, 실제로 이전에 존재했던 말들을 말한 것이 아니라 나머지 다른 말들처럼 완전히 창조되어 있다.

재현의 조건들

문학과 사실? 형식주의 방법을 지지하는 이들의 글을 읽으면, 문학의 반대가 더 이상 사실적인 것이 아니라 문학 연구의 '유일한 인물'이 되어 버린 기술 방식인 것처럼 문학과 사실이라는 이 쌍이 해체되고 있다는 느낌이 든다. 약간은 과도한 점이 보이지만 로만 야콥슨이라면 언젠가 할 수 있는 말이다. 이 기술 방식은 절대 혼자 존재하는 것이 아니며, 전통·문체 양식·집단의 이념적 표현에서 영향을 받는다. 독자뿐만 아니라 작가에게 어떤 표현 방식을 강요하기 위해 통합될 수 있고, 강화될 수 있는 수많은 요인들이 이 방식의 형성에 영향을 미친다.

예술적 재현과 이에 대한 인식이 장르·시대, 전통적인 규칙들·관습들에 의해 어떻게 결정되어지는가. 이것에 대한 대답이 예술에서의 사실임직함에 대한 일반적인 정의가 될 수 있을 것이다. 이 점을 보여 주기 위해, 야콥슨은 의도적으로 재현의 예술인 미술을 예로 들었다. 그런데 미술에서조차 '사실주의'의 정도에 대한 평가는 상투적이다. 우리가 그림 앞에 있을 때, 그 그림이 구성된 재현(예를 들어 원근법에 따라)이며, 우리의 교육된 시선이 그림을 보고 있다는 점에서 습득되어진 재현이라는 사실을 잊는 경향이 있기 때문이다.

정확히 말해 예술은 습득된 관계, 이미지와 사물간의 당연한 관계를 해체할 때 혁신적이다. 미술에서, 하나만 예를 들자면 인상파 화가들이 바로 이런 일을 했다. 그들은 아카데미풍의 그림들에 의해 자연스럽다고 받아들여진 사물의 접근에 대한 규칙을 벗어났다. 그들은 불균형을 택하고, 풍경의 축(특히 지평선)을 옮겨 풍경을 다르게 배치하면서 평상적인 각도와는 다른 각도로 사물을 제시하거나 새로운 방식으로 사물들을 배치했다——예를 들어 그림틀에 의해 잘려나간 모네의

배들을 생각할 수 있다——혁신적인 예술은 이처럼 우리들의 지각 작용을 새롭게 한다. 폴 클레 같은 화가가 "예술이란 보이는 것을 재생하지 않는다. 예술은 보이게 하는 것이다"라고 선언할 때, 그가 의미하는 것도 바로 이런 것이다. 미술 분야에 그치지 않고, 운동을 주도했던 이 문구는 재해석되어야 할지도 모른다. '보이게 한다'라는 것은, 다른 말로 하자면 현행의 재현 체계를 벗어나 새로운 재현 체계를 세우는 것을 의미하기 때문이다.

인지의 습성과 자동 기술에 대한 야콥슨의 관점과 아주 유사한 시각을 현대의 위대한 미학자인 마르셀 프루스트에게서 발견할 수 있을 것이다. 마르셀 프루스트 역시 자신의 작품 안에서 미술을 자주 언급했다. 《되찾은 시간》에서 프루스트는 '진정한' 또는 '생생한' 예술에 대해 말하고 있는데, 이것은 발견하고 폭로하는 예술로 그가 맥빠진 '인용 문학'이라고 평가 절하한 19세기의 사실주의 전통과 대립되고 있다.

> 예술가가 소재·경험·단어에서 어떤 다른 것을 인지하고자 애쓰는 이런 작업은, 바로 다음과 같은 작업과는 반대된다. 매순간 우리 자신을 벗어나 살면서 우리들의 자존심·열정·지성과 또한 습성이 우리 안에 이루어 놓는 것, 우리가 삶이라고 잘못 이해한 목록, 실질적인 목적들이 진정한 우리들의 느낌들을 완전히 가릴 정도로 덧쌓일 때, 우리 안에서 이루어지는 것들과는 반대되는 작업들이다.[6]

이 점에 대해 잘못 생각하지 않기를 바란다. 프루스트가 '인용 문학'과는 반대로 이 글에서 옹호하는 깊이와 '진정한 삶'으로 돌아감은, 바로 위 야콥슨에 이어 설명된 의미들 중의 하나, 즉 작가 나름의 계획에서, 그리고 기존 관념들을 변형하려는 의지 안에서 사실주의의 형태를 설명한 것이다. 그것은 예술과 '삶'에 대한 어떤 생각을 의미한다.

사회 문제의 매개

예술적 재현에 관한 일반적인 조건 외에, 또는 더 정확하게 말하자면 그것을 넘어 몇몇 현대 비평의 경향은 다른 형태의 제약 조건들, 이념과 관련된 제약들, 즉 어떤 시대의 현행 재현 체제와 관련된 제약들에 관심을 갖게 되었다.

소설적인 재현이 가장 발달된 시기에, 소설이 있는 그대로의 사실을 전하고자 했을지라도 소설의 재현이 제약들과 방법들에 따라, 즉 그 당시의 이념에 부합하면서 사실을 그렸다고 말하는 것이 타당해 보인다. 예를 들어 1880년대에 상대적으로 빈약하게 나타날 수도 있는 어떤 소재, 어떤 레퍼토리가 절실히 요구되는 일이 있었다. 이런 소재 중에서 가장 많이 나타났으며, 수많은 '거리 여성들의 소설'을 탄생시킨 창녀의 소재를 보자. 19세기 후반부터 프랑스 사회에 다시 나타나는 매매춘이 이 소재와 관련되어 있을까? 사실 매매춘이라는 소재는 작가 세대들에게 일종의 통과 의례처럼 부과되었던 소재라고 보는 편이 나을 것이다. 문단에 처음 등단한 신인들에게, 이 주제는 자연주의적인 관찰(성격과 유전에 관해 의무적으로 인용하면서)과 문체 연습을 결합시킬 수 있는 '연구'였다. 바로 거기에서 한정된 시기에 주제가 고갈될 수 있는 위험이 있었다.

게다가 성을 터부시하는 이 시대에 창녀라는 소재는 풍속 연구라는 미명 아래, 외양은 다르지만 이념상 굳게 맺어진 작가와 독자 모두가 안심하고 즐길 수 있는 엿보기 취미로 관대하게 악용되었다.

이런 매매춘 문학도 지식을 기저로, 즉 자주 불안을 야기하는 인식과 문제들을 기반으로 쓰여진다. 보건학자 파랑 뒤샤틀레의 작품(《파리에서의 매매춘에 대하여》, 1836)은 큰 반향을 일으켰고, 그 시대에 출판된 많은 작품들에서 언급되어졌다. 이런 사회학적인 조사는, 오랫동안 하나의 그림(창녀의 심리와 삶)에 고정되면서 특히 사회적이고 과학적인 문제를 제기했다. 어떻게 해야 사회로 하여금 이 악을 피하게 할 수 있을까? 그리고 특히 (19세기 후반 작가들 중 걸렸던 사람이 한 둘이 아닌) 성병의 위험에서 안전할 수 있을까? 거리의 여성들, 히스테리를 다룬 모든 문학은 사회학과 의학의 담론으로 성장되었으며, 전염에 대한 환각을 다루었다. 졸라의 여주인공 나나는 이런 환각의 가장 완성된 표상이었다. 결국 '거리 여성들의 소설'은, 더구나 해결책을 제시하지 못한 채 사회적 현실을 알려 준다기보다 그 시대의 우려에 대해, 즉 시대와 현실과의 상상적인 관계에 대해 알려 준다. 재현의 체계와 이념이 전복되는 것처럼 보이는 바로 그 시점에서——그래서 검열과 소란이 일어나지만——재현의 체계와 이념은 소설적 재현을 통해 다시 만나게 된다.

텍스트와 사회-역사적 맥락간의 구분 : 어려운 논의

문학 작품에 나타난 맥락의 부분을 어떻게 파악하고 이해해야 할 것인가? 이 논의는 아주 광범위하고 복잡해서 중요한 목적들만을 나타낼 수 있다. 현대의 여러 비평가들에게 있어, 사실주의와 미메시스에 대해 앞에서 보았듯이 회적 매개 부분과 너무 비판적인 형식주의 연구를 일치시키는 것은 아주 어려운 일로 남는다.

디외르디 루카치의 작업 이후(그 중 《소설의 이론》은 1920년에 쓰여졌다) 1970년대까지 **마르크스적 비평**은 많이 발전해 왔지만, 여기서는 그냥 넘어가고자 한다. 형식주의자들과 텍스트 자동 기법 지지자들이 항상 대립되어 온, 문학의 지시적인 가치에 대한 주장이 있다. 피에르 바르베리가 이 입장을 다음과 같이 요약한다.

사물들의 성질과 운동의 결과인 투쟁들을 고유의 방식으로 전사하고 분석하는 문학은, 사회-역사적 범주 안에서 또는 대립하면서 발달되어 온 문학적 상황에 대한 이해 없이는 설명될 수 없을 것이다.[7] (매개의 문제가 얼마나 복잡하든간에, 그리고 선험적인 어떤 신비스럽고 자율적인 '계획'의 형상화와는 아주 다르거나 그 이상인, 문체의 성립 배경이 얼마나 복잡하든간에 이들의 사회-역사적 맥락을 설명하는 일은 중요하다.)

이러한 '사회-역사적' 지시 기능은 중요하며, 구성 요소이기도 하다. 이 지시 기능이 사후의 외적인 결정 요소로서 처리될 수는 없을 것이다. 그러므로 작가와 역사를 떼어 놓을 때는 많은 문제가 발생할 것이다. 문학 작품은 역사를 밝혀 주고 사회적 동력을, 특히 사회의 대립 관계들을 밝혀 준다. 예를 들어 발자크의 시도는 우리들로 하여금 구시대와, 대혁명과 제정에서 태어난 현대적 시대간의 대립을 보여 준다.

사람들은 자주 작품의 문학적인 특성을 간과한 채, 완전히 기계적인 문학 개념을 이끌어들인 마르크스주의의 그 유명한 반영 이론을 공격했다. 그 결과 마르크스주의 비평들은 반영 이론과 약간의 거리를 두게 되었으며, 재현에 대한 그들의 생각을 역사적인 시각으로 설명하게 되었다. 사실을 사본·작품의 모델과는 다른 것으로 파악하고, 작품을 이미지와는 다른 것으로 보고자 한 것이다. 이처럼 재현과 재현된 사물간의 외재적 관계를 다루어 왔던 전통적인 거울 모방 이론을 반대하면서, 사실성이란 한편으로는 문학의 조건이며, 다른 한편으로는 문학적 담론의 효과라는 것을 분명히 해야 한다. 즉 문학이란 어떤 사실성을 생산하는 것이다. 그러므로 마르크스주의 비평가들은, 텍스트에서 생산되고 연출되어 있는 상상적으로 해결된 대립의 표지들을 다시 찾는 일에 관심을 갖게 된다. 소설가 발자크가 현대적인 세계를 연출하고, 이 세계와의 화해를 시도하였던 것과 같은 의미에서이다. (피에르 바르베리가 《발자크의 세계》 연구에서 보여 주었던 것처럼.)

텍스트와 현실간의 관계에 대한 문제는 **사회 비평**(sociocritique)의 중요 관심이다. 사회 비평은 형식주의 방법에서 가져온 원칙, 즉 텍스트의 자율성(그러나 여기서는 상대적인)을 고려한다. 관례적인 대립(텍스트와 사실을 가르는)과 거울의 개념(사실을 비추는 텍스트)이 주는 함정을 피하고자, 사회 비평은 연접 장치 그 자체와 사회적 관계의 매개에 관심을 집중하고 있다. 이들 이후 텍스트와 현실과의 소통 그 자체보다 무엇을 통해 소통이 이루어지는지를 아는 것이 더 중요해졌다. 이와 같이 클로드 뒤셰는 텍스트와 현실간의 경계를 유지하는 '사회-역사적 맥락(contexte)'과는 단호히 구분되는, '동반 텍스트(co-texte)'[8]의 개념을 사용하고 있다. 이 동반 텍스트는, 텍스트(형태적 차원에서 이루어진 내적 관계들의 작용)와 외부 텍스트(extra-texte) 사이에 위치한다. 외부 텍스트는 텍스트가 환기시키는 경험의 세계, 허구에서는 변형되어 나타나지만 현실의 인물들과 장소의 이름처럼 알아볼 수 있는 지시의 세계이다. 텍스트는 자기 고유의 관계망을 형성하는 동시에, 사회에 동참하면서 외부의 지시들의 영향을 받기 쉬운 상태가 된다. 흔히 관찰되는 것처럼 텍스트가 현실 요소들을 빌려 온다는 의미에서 뿐만 아니라 오히려 지시들(작가가 보았거나 읽었던 것), 발화된 것들, 작가가 재편성하게 될 이념적 구성 요소들을 동원할 수 있는 경계를 텍스트가 가지고 있다는 의미이다. 이런 관계의 작용은 아래의 도표처럼 나타낼 수 있다.

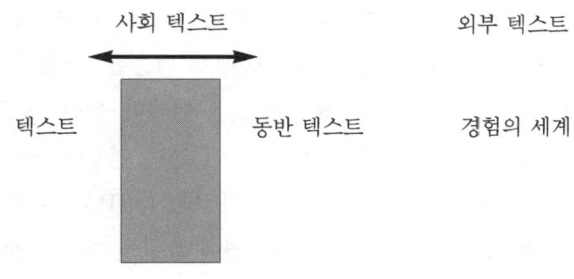

자연스럽게 있는 그대로 자리잡은(완전히 분리된 경계는 없다는 것을 주의해야 할 것이다) 동반 텍스트는, 경험의 세계를 발달시키고 고유의 텍스트 관계 체계로 전향되기 위해 텍스트가 경험의 세계에서 추출한 것으로 구성되어 있다. 예를 들어 《제르미날》의 처음 시작 페이지들은, 지경만으로도 어느 정도 북부 프랑스의 어떤 지역과 일치하는 배경이 연상된다. '마르시엔'·'몽수'는 발랑시엔이나 몽스를 연상시킬 수 있다. 이러한 배경에서 걷고 있는 에티엔 랑티에라는 인물을 위해 처음 장면은 지형·색채, 특별한 가치를 담고 있다. 이 점에서 아마도 사실인 몽수라는 벌판은 이야기가 진짜 시작되기도 전에, 그리고 다음부터 허구의 공간이 점점 더 자신의 법칙에 따라 작동하기 전에 이미 동반 텍스트에 속한다. 그리고 이런 점은, 프랑스의 어떤 지역과의 유사함뿐만 아니라 소설의 시작 장면과 연결되는 끝 장면을 분명히 보여 주는 이 책의 마지막까지 계속된다.

동반 텍스트는 또한 텍스트가 이념이라는 간접적인 수단을 통해 어떤 사회적 재료를 여과하고 작업하는 곳이며, 텍스트와 사회, 진정한 역사와 연결되는 곳이다. 《제르미날》의 첫 페이지에 등장하는, 걸어가고 있는 인물에게 적용된 '노동자'라는 단어는 단순히 현실에서 전이된 것은 아니다. 우선 1865년 (소설의 시간)이라는 시간에 해당되는 이 걷는 인물은 역사적으로 일련의 사건들, 즉 제2제정말의 파업들, 1884년의 조합의 자유에 관한 유명한 법, 졸라가 1885년에 출판될 자신의 소설을 쓰던 순간과 같은 해, 앙쟁에서 일어난 파업과 같은 사건에 의해 특징지어진다. 그러나 소설의 주인공으로서 노동자를 내세우게 될 정도로 상당히 강력한 이런 역사적인 결정요인 속에는, 1885년의 중산층 독자나 작가에게 그 말이 상기시킬 수 있는 모든 것, 즉 간단히 말해 그 시대의 모든 사회적 상상계의 표현들·기억들·불안들이 어둡게 깔려 있다.

텍스트와 텍스트의 외부적인 것들을 연결하고자 할 때, 많은 어려움들이 있더라도 **화용론**(pragmatique)과 **담론의 분석**을 기반으로 한 몇몇 실제적인 연구들은 대립을 탈피할 것을 제안한다. 이것은 두 가지 조건부, 즉 재현에 대한 어떤 생각을 거부하는 것과 맥락의 개념을 재검토하는 것에서 가능하다. 도미니크 맹그노의 말을 보도록 하자.

이런 관점에서 작품을 재현으로, 다소간 우회적인 방식으로 이념들이나 의식 구조들을 '표현'할 '내용'의 조립으로 간주하지 말아야 할 것이다. 작품들은 실제로 세상에 대해 말하나, 작품의 발화 행위는 자신들이 재현하기로 되어 있는 세계 그 자체이다. 한쪽으로 사물들과 두언의 활동들의 세계와, 다른 한쪽으로 이 세계를 반영하나, 이 세계와는 유리된 문학적인 재현이 따로 있는 것이 아니다. 문학도 하나의 활동을 구성한다. 문학은 세상에 대해 말할 뿐만 아니라, 이 세상 안에서 자기 고유의 존재를 살아간다. 문학 텍스트의 발화 행위의 주위 상황들은 문학 텍스트와 상관 없이 우연히 쌓인 더미가 아니다. 이들 상황들은 영원히 문학 텍스트의 의미와 연결되어 있다.[9]

여기서 발화 행위에 대한 사고의 틀(문법적인 차원에서 뿐만 아니라), 다시 말해 작품을 구성하고 있는 발화 행위의 주위 상황들에 대한 사고의 틀에서 맥락이 넓은 의미에서 재고되었다는 것은 새로운 일이다. 작품이 출현되는 역사적 배경, 문학 장에서의 작가의 위치, 작품의 실질적인 표현 매체와 전달 방법, 장르의 선택과 같은 가장 '바깥쪽의 원'(외양상)에서, 작품에 의해 마련되고 다시 작품을 유효하게 하는 소통 장치인 발화 행위 자체가 이루어지는 가장 '안쪽의 원'에 이르는, 구심적인 원들을 통해 이들 주위 상황들을 볼 것을 D. 맹그노는 제안한다. 예를 들어 소설의 서술 방식은 소설의 '내용,' 소설이 이야기하고 재현하는 것과 분리될 수 없다.

우리들에게 가장 흥미로우며 다시 다룰 수밖에 없는 문제는, '사실주의' 유형의 발화 행위가 존재하는지를 알아보는 것일 터이다. 이미 존재하고 있었다고 대답할 수 있다. 문법적인 좁은 의미에서 볼 때, 이야기가 출현된 흔적들을 없애면서 혼자서 이야기되어지는 이야기라는 플로베르의 이상과 사실주의적인 발화 행위가 일치할 수도 있겠다. 그러나 낭만주의 시인들, 빛의 세기의 철학자들, 또는 고전주의 시대의 사교계와는 아주 다른 방식으로 19세기 사실주의 작가들은 분명히 문학 장을 형성하고 있었기 때문에, 넓은 의미에서(발화 행위의 주위 상황들) 사실주의 유형의 발화 행위들이 존재한다고도 할 수 있다. 사실주의 작가들은, 예를 들어 시가 아니라 소설이라는 독특한 장르의 코드를 가지고, 상당히 확보된 대중들에게 다가서면서(졸라의 상업적인 성공을 생각할 수 있다) '산업 문학'의 시대로 들어섰다.(생트 뵈브) 소설이라는 장르는 사실주의 작가들이, 진지한 정신과 함께 인간의 과학적인 사고 방식에 기준을 정하고, 〈실험소설론〉에서 클로드 베르나르와 자신간의 유사한 방법적인 차원을 내세운 졸라를 따라 완전히 특이한 방식을 부여하는 장르이다. 여기서는 발화 행위의 주변 상황 자체, 즉 졸라의 '사실주의' 소설의 필수 불가결한 일부를 이루는 존재 방식, 작업하고 말하는 방식을 보고자 한다.

산업에 종사하는 중산층의 출현과 함께 나타났던 사실주의 소설의 황금기는 끝났다. 소설을 쓰는 상황들도 변했다. 오늘날 우리들은 19세기의 사실주의 소설가의 요구, 또는 주장과 같은 어떤 태도들의 분명한 의미를 잊기 쉽다. 단지 1백 년

전이라는 가까운 시기임에도 불구하고, 더 이상 우리들의 것이 아닌, 이러한 태도들을 어떤 맥락 속에서 다시 살펴보아야 할 것이다. 이런 이유로 19세기를 살펴보는 것은 꼭 필요한 일이다.

II

19세기 작가들의 행보

1
19세기 사실주의

사실주의의 문제를 역사적 관점에서 본다면, 형식주의자들에 의해 선언된 사실주의의 개념과 학파를 동일시하려는 파행을 아마 인정해야 할지 모른다. 그런데 사실주의 작품들은 지난 세기의 작품들이다. 물론 문학사라는 전능한 힘 뒤로, 적어도 명확하다는 이점과 교육적으로 유용하다는 점을 부인할 수 없는 문학사의 분류 속에서 사실주의 작품들은 안주할 수 있을 것이다. 게다가 창의적인 이론이나 구체적인 작품을 통해 사실주의 개념을 가장 잘 드러냈고, 그런 개념을 직접 주장했던 시대와 작가들을 대상으로 토론이 이루어지지 않은 이유도 분명하지 않다. 바로 그 결과 사실주의를 다음과 같이 보는 일이 종종 있다.

(사실주의란) 어떤 특정 시기를 지배한 규범 체제인 표준 개념으로 볼 수 있고, 그 전성기와 잠재적인 쇠퇴기가 설명될 수 있으며, 그 이전과 이후의 시대들과 규범들과 구분이 가능한 개념이다.[10]

이런 역사적이고 미학적인 정의에 동의하지 않는 것은 어려운 일이며, 19세기의 소설을 언급하는 것이 싫든좋든 피할 수 없는 것처럼 보여진다.

그런데 '어떤 특정 시기를 지배한 규범 체제'에서, 시기란 어떤 시기를 말하는 것인가? 시기의 경계가 특히 광범위하고 제대로 정해지지 않은 까닭에 이런 문제가 제시된다. '사실주의'라는 말이 처음 나타난 1834년에서 《루공 마카르》 총서의 마지막 책이 출판된 1893년까지를 말하거나, 발자크의 《올빼미당》이 나온 1829년에서 졸라가 사망한 1902년까지 말할 수도 있을 것이다. 또 다른 구분이 적합하다고도 적합치 않다고도 증명할 수 있을 것이다. 아무튼 사실주의는 곧 19세기라는 등식이 어떤 식으로 받아들여지든간에 이러한 등식은 성질이 다른 모든 것의 차이를 은폐시킨다는 점을 시인해야 한다. 즉 하나의 같은 분류표로 모든 것을 덮을지라도 세대들간의 차이, 결정적인 역사적 단절(1848년은 부인할 수 없는 결별 지점을 이룬다)의 차이, 이론적이고 미학적인 측면에서 분명히 다르게 이루어진 결정들의 차이들은 남는다.

역사적이고 미학적인 관점에서 정의되는, 19세기 프랑스 사실주의는 3세대와 관련된 세 가지 기준 위에 세워져 있다.

──첫번째 사실주의는 설립자 발자크의 모습과 1848년에야 마침내 끝나는, '산맥'을 형성하는 그의 소설들과 일치한다. 그의 작품들은 말하자면 19세기 모든 소설의 초석이 된다.

──두번째 사실주의는 공쿠르 형제와 플로베르 세대와 관련된다. 아나톨 프랑스에 의하면 "그들(공쿠르 형제)은 플로베

르와 더불어 자연주의의 진정한 창조주였다."

──세번째 사실주의는 하나의 학파, 즉 아나톨 프랑스가 자연주의의 대가인 졸라와 그의 아류들을 지칭하는 학파와 관련된다. 여기서 《루공 마카르》 총서라는 또 다른 소설 산맥이 반드시 필요해진다.

도식적으로 볼 때, 발자크 옆에 스탕달의 이름을 첨가해야 할 것이다. '행복을 추구'하는 작가인 그는 문학사를 당파적으로 분류할 때 문제가 된다. 그로 인한 당혹스러움은 이미 졸라의 문제이기도 하다. 졸라는 《자연주의 소설가들》(1881)에서 전폭적이지는 않지만, 《파름의 수도원》보다 덜 소설적이나 더 사실주의적이라며, 《적과 흑》에 대한 자신의 편애를 의미 있게 강조하면서 스탕달이라는 이 과도기적 작가를 자연주의에 편입시켰다.

이런 식으로 간주된 문학에서의 사실주의는, 그 시대를 매혹시켰던(《고리오 영감》에서 볼 수 있는) 아버지의 자격과 후손이라는 두 가지 문제에 봉착하는 것 같다. 도대체 누가 진짜 아버지인가? 시간상으로 제일 앞에 있는 발자크인가? 졸라도 "발자크, 우리 모두의 선생이신……"이라고 그를 언급하지 않았던가? 물론 '우리 모두'는 그의 후배들인 자연주의 작가들을 지칭한다. 그러나 졸라 역시 공쿠르 형제와 플로베르라는 가까운 선배의 덕을 입고 있다. 차후 졸라 자신도 이 대열의 선두로, 일종의 자식으로서 스승에게 애정을 품었음에 틀림없는 새로운 작가 세대의 지도적 사상가로 변하게 된다. 물론 '친부 살해'는 1880년대말에 나타난 자연주의의 위기와 다르지 않다.

우리가 구분했던 이 세 가지 기준은 하나로 통합될 수 없을지라도 서로서로에게 영향을 끼친다. 우선 각각 자기 시대보다 앞선 시대의 덕을 입고 있으며, 이러한 부채는 언제나 인정되고 있다. 그 다음 이 세 가지 기준은 직관적인 동시에 규범적인 생각 속에서 결국 서로 결합되어지고, 바로 우리가 사실주의를 그렇게 만들고 있다. 어떤 범주의 소설에서 일관된 플롯, 사실적인 묘사, 인물 묘사, 담론 등이 성공적으로 결합됨으로써 이 생각은 실현된다. 이런 생각은 아마도 발자크·플로베르·졸라에게서 삼중으로 배운 작가 세대에서도 구현되는 생각이다. 전세계에서 번역되고 읽혀지는 모파상 같은 작가의 전세계적인 성공은 이러한 통합이 있어서 가능한 것이다.

사실주의=19세기=소설이라는 이중의 등식을 잘 알기 위해서는 흥미진진한 세대들의 흐름을 거꾸로 올라가는 것으로 충분치 않으며, 문학 생산의 실제적인 조건들이 있는 땅으로 다시 내려와야 한다. '사실주의'라는 말이 나타난 시기가 1830년대경으로, 소설이 광범위한 대중을 확보하는 동시에 문학적인 위엄을 어느 정도 찾게 되는 시기와 일치하며, 대중 문학이 나타날 수 있도록 어떤 조건들이 충족되었던 시기와 일치한다는 사실을 말하는 것이 당연하다. 인쇄의 발달, 작가들에게 지면을 할애(연재 소설)하는 값싼 잡지와 일간지의 발달 등, 이 모든 것은 소설이 중요한 문학 장르로 발전하는 데 일조한다. 게다가 소설의 인쇄 부수는 곧 시의 인쇄 부수를 능가하게 되며, 작가들은——모두 같지는 않지만 사실이다——

전업 작가를 희망할 수 있게 되었다. 바로 거기에서 유명 작가들에게 어느 정도 안락함을 보장해 주는 출판업자들의 역할이 생긴다. 레비 출판사나 샤르팡티에 출판사(이 출판사는 졸라에게 안정된 생활을 보장해 주었다)가 바로 그런 경우이다. 이 두 출판사는 모두 작은 판형의 값싼 책들을 만들어 냈다. 《루공 마카르》 총서의 작가는 물론 큰 혜택을 보았을 뿐만 아니라 그런 위치를 확고히 할 수 있기에 가장 좋은, 자연주의 소설의 황금기인 1880년대에 위치한 작가였다.

우선 교육의 기회가 넓어졌고, 수많은 독자들이 양성되었다. 어디서나 신문들을 볼 수 있었으며, 시골에서조차 책들을 샀다. 사치품이었던 책은 반세기 만에 일상 소비재가 되었다.[11]

자연주의와 19세기간의 밀접한 관계는 밝혀질 필요가 있다. 여기서 이러한 증명의 중요한 장본인인 에리크 아우어바흐를 말하지 않는다는 것은 불가능하다. 1946년에 처음으로 출간된 그의 그 유명한 《미메시스》는 이 문제에 관한 한 여전히 최고이다. 이 책의 소제목, 〈서구 문학에 나타난 현실의 재현〉은 충분히 이 책의 계획의 중요성과 야심을 짐작케 한다. 즉 사실성의 문제라는 기준 축을 따라가면서, 다양한 시대와 작품들을 통해 서구 문학의 역사를 제시하고자 한 것이다.

광범위한 분야를 다룬다는 점뿐만 아니라 면밀한 세부적인 분석으로 언제나 감동적인 이 기념비적인 책을 요약하려는 것은 아니다. 우리의 원칙은 훌륭한 문헌학자인 아우어바흐가 언어적인 표현을 통해, 한 시대의 정신과 문화를 탐구한 일련의 텍스트 설명을 명확히 하자는 데 있다. 이 책을 간단히 살펴보면 사실주의에 대한 정의, 아니면 적어도 사실주의 작품에 대한 정의의 본질이 아래와 같이 가장 분명히 드러난다.

(사실주의 작품은)

1. 진지한 작품이다.
2. 여러 문체적인 특색들을 혼합시킨다.
3. 어떤 계급이든 어떤 장소든 묘사에서 제외하지 않는다.
4. 인물들의 이야기를 전체적인 흐름에 통합시킨다.

아우어바흐로 하여금 19세기 프랑스가 현대적 사실주의에 가장 중요하게 공헌했다고 확신케 하는 것이 바로 이 네 가지 범주의 결합이었다.

2
진지한 태도

 진지한 태도(le sérieux)는 ─── 그 점을 시인하자 ─── 가장 잘 알려진 문학 범주에 속하지는 않는다. 《미메시스》에서 이러한 지칭은 문체의 여러 위상을 다루는 예전의 이론에도 자주 나타나지만, 이들과 완전히 같지는 않다. 아우어바흐가 정의하는 사실주의 텍스트는, **진지한 텍스트**이면서 동시에 **다양한 문체적 위상을 혼합하는 텍스트**로서 나타난다. 사실상 진지한 태도란 때로는 문체적인 특색으로, 때로는 장르상의 의도로 번갈아 강조될 수 있는 것 같다. 아우어바흐도 그렇게 한 것 같다. 더욱 명확히 보기 위해 이 두 문제를 분리시키고자 하며, 무엇보다 장르상의 의도에서 나왔다고 보는 진지한 태도를 우선하고자 한다.

 《미메시스》는 특히 사실주의와 진지한 태도가 서로 결합되는 시점을 중요하게 논하면서, 서구 문학에서 사실주의적인 취지가 출현되고 확립되는 것을 탐구하는 데 할애하고 있다. 특히 프랑스의 경우만 보아도 위대한 장르는 구체적인 사실을 피하는 장르라고 보는 반면, 사실의 재현을 희극과 익살극이라는 하위 장르에 넣으면서 이들을 엄격히 분리한 고전주의 시대 이후의 시점을 중시하고 있다.

보통 현대적 사실주의가 시작된 시기로 보는 18세기의 경우를 통해, 아우어바흐는 진지한 재현의 진정한 의미를 오히려 분명히 한다. 실제로 진지한 태도의 사실주의를 표방하려면, 일상적이고 역사적인 사실이 작품 속에 포함되고 인물들이 구체적인 상황들 속에서 묘사되는 것으로 충분치 않다. 예를 들어 《마농 레스코》는 겉으로는 풍속을 가장 구체적으로 묘사한 것으로 보인다. 즉 인물들은 가족의 범주 내에서 돌아다니고, 돈과 성 같은 실질적인 관심이 지배적이기까지 하다. 그렇지만 재현은 대체로 깊이 있게 문제를 제기하지 못한다. 아우어바흐에 의하면 윤리적 의도, '관능적-감상적' 의도는 우아한 재현의 단계를 넘어서는 것으로 간주되는 문제를 야기하는 깊이 있는 연구를 금한다. 계몽주의 학파가 진지하고 해방적인 이념을 위해 일할지라도, 이들의 '철학적-사실주의적' 문체에 있어서도 마찬가지이다. 그 점을 보려면 볼테르의 《캉디드》를 언급하는 것으로 충분할 것이다. 풍속에 대한 묘사와 현행의 일들을 언급함에도 불구하고, 이야기 체제는 모방적인 것만 빼고는 다 있다. 이야기꾼 볼테르는 사실성과 비극성의 무게를 벗어 버린 것 같은 대상들을 나열하며, 이야기의 모든 것(장소·사건·인물)은 암시, 진부한 표현, 상투어에서만 성립된 것 같다.

그 다음 세기에 나타나는 사실주의가 진정으로 진지한 태도의 사실주의이며, 이들의 야심·계획은 서문들이나 다른 취지 선언문들에서 발표되었으며, 현대사에 계속 영향을 발휘하고 있다. 이들 서문이나 취지문이 아마도 계획안으로서의 사실주의, 즉 차후 필연적이 된 과학의 측면과 의무의 방식의 측면 사이에 있는 사실주의가 가장 잘 파악되는 곳일 것이다. 과학과 의무의 만남으로 진지한 태도의 범주는 분명해진다. 이 두 가지 말은 그대로 발자크와 졸라 사이에 위치한 그 유명한 서문들 중의 하나인, 공쿠르 형제의 《제르미니 라세르퇴》의 서문에서 서로 만난다.

소설이 풍부해지고 확산되어 가는 지금, 소설이 열정적이며 활발하고 진지한 태도로 문학과 사회를 연구하고 탐구하는 위대한 형태로 되어가는 지금, 소설이 분석과 심리학적 탐구로 현대에 대한 윤리사가 되고 있는 지금, 소설이 과학의 연구와 과학의 의무를 스스로에게 부과하는 지금, 소설은 과학의 자유와 정직성을 요구할 수 있다.

분명히 이들 문제들, 즉 과학의 언급과 19세기 사실주의 소설가들이 의지하는 표본들에 대해 의문을 제기할 수 있을 것이다. 예를 들어 《인간 희극》의 〈서문〉에서, 발자크에 의해 성립된 자연과 사회, 인간 유형들과 동물 유형들간의 그 유명하고 당당한 대비에 관해 할 말이 많을지도 모른다. 이 대비의 유용성은 제쳐놓고, 발자크가 특히 이런 대비를 통해 자신의 대상(단연코 사회)의 특수성의 모든 면을 파악하고 체계적으로 사회를 이해할 수 있는 방법을 갖추게 된다는 점을 중시하자. 왜냐하면 사회라는 대상을 재생시키고, 이 대상의 모든 부분들을 나열하는 것으로 충분치 않으며, 이 대상을 설명해야 한다. 그것도 대상을 전개하는 동시에 그 이유를 설명할 수 있도록 복합적인 차원에서 설명해야 한다.

합리화를 위해서 과학을 언급한 것만은 아니다. 과학의 언급은 소설가의 위치도 차원 높게 인식시킨다. 소설가의 일은 난이도면에서 동물학자의 일을 능가한다. 소설가를 역사학자라고도 칭하는 것은, 사료편찬자는 실제 풍속에 대해서는 관심을 갖지 않기 때문이다. 연대기 작가에 대한 생각은 발자크의 생각이 아니다. 오래 전부터 소설가들은 개인적인 측면을 그리면서 공인된 역사를 완성시킬 것을 주장했다. 그러나 발자크 같은 소설가의 야심은 더 앞으로 나아갔다. 단지 현대사의 이면(그의 마지막 소설의 제목이기도 하다)을 그리는 것도, 모든 풍속을 나열하는 것도 아니라 '사회적 결과들'을 가져온 미지의 동기들과, 최종적으로는 사회의 원리들로 다시 올라가는 것이 그의 관심사였다. 작품을 세 가지('풍속 연구'·'철학적 연구'·'분석적 연구')로 분류한 발자크의 체제는, 그의 이러한 야심의 정도를 보여 준다. 여기에 관해 보려면, 점점 정도가 강해지는 위의 제목들로 충분히 설명되지 않기 때문에, 발자크가 철학적 역사의 개념으로 이르는 〈서문〉의 발췌 부분을 인용하고자 한다.

이런 식의 철저한 재생에 그치는 작가는 어느 정도 충실하고 행복하게, 참을성 있거나 용감하게 인간 유형들을 재현하는 화가가 될 수 있었다. 개인적인 삶의 극적 순간들을 이야기하는 자, 사회적 유적들을 연구하는 고고학자, 모든 직업이 망라된 용어집 편찬자, 선과 악을 기록하는 자들이 될 수 있었다. 그러나 모든 예술가들이 그토록 원하는 찬사를 받을 자격이 되려면, 이런 사회적 결과들을 가져온 한 가지 동기 또는 여러 가지 동기들을 연구하고 그 숨은 의미를 파악해야 하지 않겠는가…?

여기서 다시 소설의 출발점인 과학적 전제들의 경우와 마찬가지로, 소설이라는 선택된 표현 양식과의 공통점이 없이는 이러한 목적이 터무니없다고 볼 수 있다. 바로 이것이 발자크가 완전히 벗어나지 못한 점이다.

《인간 희극》. 야심적인 일인가? 당연한 일인가? 바로 그 점은 작품을 다 읽고 난 독자들이 결정할 문제이다.

그러므로 결국 이 계획과 이 계획에 대한 진지한 태도는, 전적으로 이 계획이 완성되고 성립되는 과정에서 가장 잘 확인된다. 당연히 바로 그런 이유로 발자크는 자신의 작품을 끝까지 밀고 갔고, 결론을 내렸다. 여기서 아주 일찍부터 순환 개념을 구상한 졸라를 생각지 않을 수 없다. 그리고 《루공 마카르》 총서에서 학자와 지도적 사상가, 또한 작가의 분신인 파스칼이 결론을 내리게 된 것은 우연이 아니다.

3

여러 문체의 혼합

고전주의 체계

아우어바흐는 문체의 혼합이 사실주의 작품들의 특징이라고 본다. 이 특징은 사실주의 작품들의 역사적 경로를 통해 더 분명히 파악할 수 있다. 여러 문체의 혼합은 실제 이 문체들이 분리되었던 이전 상태들과의 상대적 위치에서 이해되어진다. 모방에 대한 서구의 역사는 고상한 극(pôle)과 저속하고 희극적인 극의 전통적인 대립으로 점철되어 왔으며, 오랫동안 사실의 재현은 오직 하급 문체로, 또는 엄격히 말해 중간 단계의 문체로 자리잡는 결과를 초래했다. 프랑스 고전주의의 경우는 이론가들이 장르들의 서열을 엄격하게 체계화시킨 분명한 예가 된다. 특히 비극은 언어와 마찬가지로 주제를 통해 최대한도로 일상적인 사실성과 멀어지면서, 극도로 문체들을 분리시켜 나아갔다. 모든 우연에서 벗어난 주인공 남녀들은, 순화된 이런 범위 안에서 자신들의 열정에 따라 움직였다.

숭고한 문체 아래에는 중간 단계의 문체로 풍속을 다룬 희극의 문체가 위치했는데, 희극 작품이란 관심사에 대한 진지한 태도, 작품을 대할 관객들인 신사들의 훌륭한 품성과 여기에 맞는 고급 문체로도 진가가 드러나는 고상한 작품이었다. 이 문체는 훌륭한 몰리에르 희극들의 문체이며, 부알로가 《인간 혐오자》의 작가를 알아보지 못했던 유명한 시에서, 소극과 대립시켰던 희극들의 문체이다. 게다가 부알로는 바로 《시학》 제3편에서 희극의 문체의 중간 위치를 정의하고 있다.

희극은 한숨과 눈물의 적으로,
비극적인 고통들은 전혀 실리지 않는다.
그러나 희극은 아무 광장에서나,
상스럽고 천박한 말들로 민중을 현혹하지 않는다.

부알로의 '그러나'는 희극이 방향을 잃지 않도록 경계를 정해 준다. 중간 단계의 문체와 하급 문체간의 경계는, 같은 사회적 이상과 같은 취향을 가진 엘리트 대중(궁정·대도시)을 목표로 삼은 고전주의 미학이 예견치 못했던 어떤 대중의 존재를 드러내 준다. 괴기미를 평가절하하는 것은 '천박한 말'과 같은 언어층과, 어떤 극적인 언어(스카팽이 걸치고 있는 그 유명한 가방)에 타격을 줄 뿐만 아니라 실질적으로 이들의 의미를 확장시켜서 수용할 수 있는 언어들, 즉 서민층에서 나온 소극의 정신인 조역 인물들을 수용할 수 있는 언어들에게 타격을 가할 수 있다.

분명히 몰리에르는, 예를 들어 인간 혐오자의 반응으로 웃기기 위해 우스꽝스러운 후작들을 내세워 인물들을 여러 번

이동시킨다. 그러나 서민 인물들이 여전히 우스꽝스럽게 남는다는 것이 다른 점이다. 이들은 진지함도 자율성도 보여 주지 않으며, 게다가 주인들을 모시는 쪽들이다. 바로 그 점에서 아우어바흐는 다음과 같이 말하고 있다. "몰리에르의 작품은, 루이 14세 치하에서 절정에 다다른 프랑스 고전 문학과 함께 양립할 수 있는 사실주의를 최대한으로 내포하고 있다." '희극의 목적은 웃음으로 풍속들을 단죄하는 것'이라는 유명한 명구에서 주장했던 대로, 사실주의는 희극의 도덕적인 목적을 최대한으로 내포할 수 있다. 또한 정치·시대·경제, 그리고 사회의 물질적인 구조들(수전노의 재산은 어디에서 온 것인가?)이 드러나지 않고 침묵하는 데서 추측할 수 있는 모든 것을 내포할 수 있다.

현대적 사실주의는 문체들간의 분리론이 사라지고, 이것이 계기가 되어 사회의 모든 주변 인물들이 재현되기에 이르는 순간과 일치한다.

위고: 괴기미와 숭고미

여기서 낭만주의 드라마를 다시 살펴보아야 한다. 위고가 괴기미와 숭고미를 동시에 주장하는 점을 특히 더 심도 있게 보아야 한다. 위고는 문체의 혼용을 금하는 자들에 반대하면서, 《크롬웰》의 〈서문〉에서 다음과 같이 말하고 있다.

기독교 서민들의 시에서 괴기미는 인간 야수를 표현하며, 숭고미는 영혼을 표현한다. 예술의 두 가지인 이들이 서로 섞이는 것을 금하고 체계적으로 이들 가지들을 분리시킨다면, 한쪽으로는 악들의 추상화라는 열매와, 다른 한쪽으로는 죄, 영웅주의와 덕의 추상화라는 열매를 맺게 될 것이다. 이들 두 유형은, 그들 가운데 현실을 둔 채 서로 분리되어 자신들에게만 전념하면서 각자 자신들 쪽으로 자라게 될 것이다. 그 결과 이런 추상화들 다음에 표현해야 할 어떤 것, 즉 인간이 남게 될 것이다. 이런 비극들과 희극들 다음에는 바로 드라마를 실현시키는 일이 남는다.

장르들과 문체들을 분리하는 경계가 빈 공간처럼 남겨지면서, 재현이 궁지에 몰린 것 같아 보인다. 바로 이 공간이 셰익스피어의 예를 보더라도, 명백하게 '사실주의적'인 쇄신 계획안에 따라 드라마가 자리잡고자 하는 곳이다. 그럼에도 아우어바흐의 소견과 더불어, 이러한 요구가 사실의 재현이나 설명이라는 목적으로 정비되었다기보다 반대 입장을 제거하는 방향으로, 그리고 강력한 효과를 내기 위한 방향으로 가지 않았나 생각해 볼 수 있다. 괴기미와 숭고미는 드라마뿐만 아니라 시와 소설에서, 오히려 재현을 극화시키는 두 극을 의미할 수 있다. 위고가 의도적으로 물질적으로 출발해서 정신적이며 이상적인 종결을 부각시켰던 《레미제라블》(1862)의 장발장의 긴 여정을 생각해 볼 수 있다. 게다가 《레미제라블》이 1860년대의 '사실주의'의 의미로 볼 때, 일반적으로 사실주의 소설로 받아들여지지 않았다는 사실이 흥미롭다.

소설에 나타난 '진지하며 희극적인 태도'

문체의 혼용을 소설의 사생아로 다르게 볼 수 있다는 것이다. 미하일 바흐친과 더불어 '진지하며 희극적인(sérieux comique)' 형태는 소설의 선택 영역이라고 옹호할 수 있다. 이 점에서 이 장르는 대중 희극과 민속 예술 같은 몇몇의 옛 형태(소크라테스의 대화론, 호라티우스의 풍자)를 이어받은 것이다. 이 형태들은 생동감이 넘치는 현재의 활동, 즉 위대한 장르들에서는 나타날 수 없었던 이런 활동들을 대상으로 삼는다는 점이 특징이다. 현재의 활동들은 웃음으로 친숙해지고, 웃음은 세상을 사실적으로 접근할 때 중요한 선결 조건이다. 바흐친에 의하면, 사실주의 작품의 모든 정신이 여기에 있다. 즉 현재의 활동과의 '거친 접촉' 속에, 친숙해진 세상을 객관적으로 그릴 때(이런 이유로 인간이 개척해야 할), 평범한 주인공 속에, 자전적인 요소 속에(개인의 삶) 사실주의 정신이 들어 있으며, 끝으로 다양한 언어와 문체들을 통해 구현된다.

다양한 소리가 담긴 이 마지막 요소와 현대적 사실주의 소설의 고유한 문체간에는 뚜렷한 연관성이 보인다. 사실주의 텍스트는 대화·인용문, 대개는 발화된 말을 그대로 모방하는 것을 선호한다. 어떤 시대에는 그런 말을 모방하는 것이 특별한 목적이 될 수 있었으며, 가장 저급한 언어 영역을 사용한다고 그 당시 비난을 받았던 작가들에게는 분쟁의 요인이 될 수 있었다고 말하는 것으로 충분하다. 예를 들어 졸라는 이런 비난에 대항해 《목로주점》(1877)의 서문에서, 자신이 시도했던 '순수하게 문헌학적인 작업'의 사회적인 곤심을 내세운다. 그 점을 다시 살펴보아야 할 것이다.

사실주의 소설은 괴기미와 패러디를 사용한다는 점에서 여전히 진지하면서도 희극적인 범주에 속한다. 발자크에서 이 두 가지를 모두 만날 수 있다. 발자크에서는 저급하고 육체적인 영역을 강조하는 것이 특징인 괴기미의 맥이 잘 나타난다. 《인간 희극》에서 기형적이며 우스꽝스러운 육체들은 부족하지 않다. 다른 작품 중에서도, 게다가 발자크 작품 중에서 가장 어두운 작품 중의 하나인 소설(《사촌 퐁스》, 1847)에 나오는 사촌 퐁스의 모습에서 이 점이 잘 드러나고 있다.

> 이 기괴망측한 얼굴은 늙은 호박처럼 찌그러져, 눈썹 대신 그어진 두 개의 붉은 선과, 그 아래의 회색 눈으로 음산해 보이며, 돈 키호테같이 큰 코가 벌판에 우뚝 솟은 표석같이 솟아 있었다.

패러디는 기존의 장르들과 문체 유형들로 인한 일의적인 진지한 해석을 전복시키고, 해체시키기 위해 사용된다. 또 다른 전복의 예들 중에서 《사촌누이 베트》(1846)의 시작 장면인, 7월 왕정하에서 승리를 구가하는 중산층의 상징인 (장렬하면서도 익살스러운) 크르벨 남작의 화려한 도착 장면을 들 수 있을 것이다.

이런 식의 문체의 혼합은 다양한 형태와 다양한 언어를 사용하며, 제목 자체에서 이미 희극과 유사함을 드러내는 《인간 희극》만의 특징이 아니다. 스탕달, 특히 《뤼시앵 뢰뱅》(1834-1835)을 쓴 스탕달도 보아야 할 것이다. 이 소설에서 영웅과 기사에 관한 기호는 막대한 침해를 당하고 있다. 뤼시앵 뢰뱅은 여러 번 말에서 떨어진다거나, 정치적 성격을 띤 임무 중에 얼굴에 진흙 세례를 받기도 한다. 7월 왕정과 아주 밀접한 관계를 가지고 있는 이 소설에서, 현대인의 의무는 곧 희극적인 소설을 제시하려는 의지로 나타나기도 한다. 스탕달의 이러한 의지는, 자신보다 먼저 진지하면서도 희극적인 소설 형식을 시도한 필딩(이 영국 작가의 표현에 따르면 comic epic in prose)을 자필 원고에 언급한 점에서도 설명된다.

진지함과 희극성은 서로에게 영향을 끼친다. 소설이 현실의 어떤 면들을 폭로하고 일의적인 설명을 피할 수 있었던 것은 괴기미·풍자·패러디를 할 수 있었기 때문이다. 여러 문체의 혼용은 그러므로 중재적인 형태라기보다 상호 작용과 복합적인 방향성에 연결된다. 소설이 발달한 시대에, 예를 들어 소설이 과학의 객관성을 주장하게 될 때, 사실주의는 희극성을 희생시키면서 진지함을 더욱 강조할 수 있을 것이다. 그럼에도 불구하고 플로베르와 졸라처럼 장중함과 비관주의로 명성을 얻은 작가들에게서, 특히 조롱의 부분을 쉽게 알아차릴 수 있을 것이다. 그리고 현실을 폭로하고, 플로베르가 말했듯이 '사물들의 겉과 속을 그리는' 방식을 시도할 때, 이러한 조롱이

'사실주의'의 구성 요소임을 주지할 필요가 있다.

여러 문체의 혼합에 대한 논의는, 우리들은 그 점을 잘 이해하고 있지만 단순히 형태나 언어 사용 영역이라는 문제로 국한되지 않는다. 이 문제는 또한 '내용'의 문제이기도 하다. 저급한 문체는 거의 언제나 육체를 언급하는 것이라고 정의된다. 더욱 일반적인 방식으로, 여러 문체를 혼합함으로써 모든 주제(육체와 성을 포함해)를 섭렵할 수 있는 작품의 능력과 영역의 폭을 무한히 변화시킬 수 있게 된다는 것이다.

이 점에 관해 결론내리기 위해 발자크와 그의 〈서문〉을 다시 보도록 하자. 이 서문에서 발자크가 동물학자들에게서 《인간 희극》의 모델이 되는 구성 원칙론을 빌려 오고 있음을 알 수 있다. 이 구성 원칙이 소설의 미학적 차원에 이르러서는 여러 문체의 혼합으로 해석되어진다. 자연과 사회간에 성립된 평행 관계라는 기반 위에서 생물학적이며 사회적인 구분이 원칙의 일치를 더 이상 문제삼지 않는 것과 마찬가지로, 문체상의 차이로 인해 작품의 구성의 일치가 더 이상 문제되지 않는다고 말할 수 있을 것이다. 달리 설명하자면 《인간 희극》은 단일하면서 동시에 복합적인 작품이다. 그리고 모든 차원에서, 즉 특징들을 말하고 일반적인 법칙들을 찾아내고자 하는 마음, 모든 인지 활동과 모든 장르에서 소설가가 받은 도움에서 이러한 단일성과 복합성을 볼 수 있다는 것이다. 간단히 말해 문학의 요지를 정의하고자 하는 열망으로, 즉 "나의 모든 작품들을 통해 모든 문학을 표현하는 것"이라고, 발자크는 한스카 부인에게 보낸 편지에서 말하고 있다. 위고가 발자크와 그의 책을 어떤 말로 찬사하는지 보도록 하자.

작가가 희극이라 이름 붙였으나 역사라고도 칭할 수 있는 경이로운 책, 모든 형태와 모든 문체를 섭렵하며, 타키투스를 능가해서 수에토니우스까지 도달하며, 보마르셰를 지나 라블레에게까지 이르는 경이로운 책, 관찰이며 상상인 책, 진실을 위해 헌신하고 내면적인 것, 중산층, 저속한 것, 물질적인 것을 유감 없이 나타내고 이따금씩 불쑥 그리고 폭넓게 드러나는 모든 현실들을 통해, 갑자기 가장 어둡고 가장 비극적인 이상을 드러내는 책.[12]

여러 문체 혼용에 대한 정의를 이보다 더 웅변적으로 나타낼 수 없을 것이다. 위고는 자신의 고명한 선임자의 작품을 통해 하나의 이상을 말하고, 자신도 그 이상을 옹호하지만 어쩌면 발자크만큼 잘 이루지 못했던 것 같다.

4
'하층 계급'

'소설에서 표현될 권리'

'사실주의'라는 말은 또한 배제의 원칙(특히 아카데미즘에 맞서)만큼 내포의 원칙을 분명히 표현하고 있다. 돈과 성 같은 사회적 터부를 포함해 모든 사실이 말해져야 한다는 원칙이며, 모든 인간 주체, 모든 사회 계급이 표현되기를 바랄 수 있다는 원칙을 명시한다. '서민'이라는 말이 정치적 담론뿐만 아니라(다양한 혁명의 시기에), 역사와 문학(미슐레의 《서민》을 언급할 필요가 있다)에서 크게 평가되었던 19세기에서 내포의 원칙은 특별한 목적이 되었다. 그 시대를 아주 분명히 보여 주는 두 개의 서문부터 시작하자. 우선 공쿠르 형제의 《제르미니 라세르퇴》(1864)의 서문을 보도록 하자.

보통 선거·민주주의·자유주의 시대인 19세기에 살면서, 우리는 '하층 계급'이라고 불리는 계급이 소설에서 다루어질 권리가 없는지를 의아하게 생각해 왔다. 세상 밑의 세상인 서민들이 문학에서 금지되고, 지금까지 이들이 가질 수 있는 정신과 마음에 대해 침묵해 왔던 작가들에게서 계속 무시되어야 하는지를 의아하게 생각해 왔다.

다음은 졸라의 《목로주점》(1877)의 서문을 보자.

나의 작품이 나를 변호해 줄 것이다. 이 작품은 진실을 다룬 작품이며, 서민에 대한 최초의 소설로, 거짓말하지 않으며 서민의 냄새를 진정 느끼게 하는 소설이다. 그리고 모든 서민들이 나쁘다고 결론지어서는 결코 안 된다. 왜냐하면 나의 인물들은 나쁜 사람들이 아니라 단지 무지할 뿐이며, 힘든 노동과 그들이 처한 비참한 환경으로 잘못된 사람들일 뿐이기 때문이다.

공쿠르 형제의 선언문 같은 글, 졸라의 옹호하는 말투에는 똑같이 신봉자의 어투가 보인다. 윤리적 차원과 문학적 차원에서의 존엄이라는 주제가 똑같이 제기되고 있다. 이들은 또한 주체들을 구분짓는 예전의 위계질서를 거부하는 의지를 보여 주고 있다. 서민들은 '소설에서의 권리,' 즉 진지하게 다루어질 권리를 가질 뿐만 아니라 완전히 변화된 관점에서 다루어져야 하며, 표현에서 배제된 까닭에 19세기 전반의 위대한 선임자들의 작품을 포함해 거의 미미하게 존재해 왔지만, 사회의 한부분으로 재조명되어져야 함을 요구하고 있다.

낭만주의 시대의 위대한 작가들이 1830년대에 진지하고 인간적인 메시지를 사회에 던졌다는 것은 분명한 일이지만, 이들의 메시지에는 이상주의와 복고주의(조르주 상드를 본받아)가 많았다. 이들의 메시지는 서민들을 '위험한 계급'으로 동일시하려는 의도, 즉 앞으로 이들 서민들이 속하게 될 도시의 불안스러운 프롤레타리아들과 동일시하려는 의도는 없었지만 서민에 대해 어느 정도 잘못 이해된 개념을 갖고 있었다.

서민을 보는 방식

발자크, 스탕달

서민을 표현한다는 것, 정확히 이들을 토이게 하고 말하게 하는 것은 간단해 보인다. 그렇지만 이것이 가능하려면 일종의 혁명이 필요했었다. 《인간 희극》에서 서민은 실제로 나타나지 않는다. 발자크는 귀족의 세계를 그렸으며, 그 시대의 향방에 따라 중산층 세계는 점점 더 많이 그렸다. 서민들은 소설에서 아주 예외적으로 가끔씩 보이는 하인들의 경우만 빼고는 실제로 등장하지 않는다. 이들이 정치와 산업적인 변화에 소외되어 있었기 때문이다. 이들 서민들의 모험으로 간주될 수도 있었을, 바리케이드를 치고 대항했던 1830년의 소설에서도 이들의 모습은 보이지 않았으며, 이런 사실은 이 날의 신화적 성격을 제거하고 혁명이 다른 곳, 즉 특히 은행가들에게서 시작되었다는 관점을 의미한다. 그런데 서민을 그리는 일은 논쟁의 주제로서, 또는 파리 시민의 환상에 속하는 요인으로서 나타날 수 있다. 바로 그 점이 《황금빛 눈을 가진 소녀》(1834-1835)의 서문에서 보여지는 바이다. 이 소설에서 발자크는 사회를 하나의 건물로 비유해 표현하는데, 그 건물의 가장 아래쪽에는 프롤레타리아가 영원히 고정되어 있다. 발자크의 마지막 소설 《현대사의 이면》이 노동자들의 동맹을 거론하고 있으며, 이들 노동자 중의 한 사람이 이 동맹의 증인임에는 틀림없지만, 이 소설에서 노동자들은 끝까지 보이지 않는 존재들로 남는다.

거의 같은 시대에서, 보거나 보이게 해야 하는 일의 어려움은 스탕달의 예에서 뚜렷이 나타난다. 주인공이 속해 있는 창기병 부대가 동맹을 맺으러 온 노동자들을 제거하는 임무를 부여받은 그 순간을 나타내는 《뤼시앵 뢰뱅》의 27장을 보도록 하자. 낭시 지역에서 일어난 것으로 되어 있는 그 이야기는, 실제 1834년 생테티엔과 리옹에서 있었던 노동자 운동에서 영감을 받은 것이다.

그러나 군수는 곧 복수를 했다. N의 좁고 더러운 길로 들어서자마자 창기병들은 초라한 집들의 창가에 있던 노동자들의 부인들과 아이들에게서, 그리고 바로 이따금씩 가장 좁은 거리 모퉁이에서 나타나는 노동자들에게서 야유를 받았다. 사방에서 상점들이 급히 문닫는 소리가 들렸다.

마침내 부대는 도시의 중심 상가로 들어섰다. 상점 문들은 모두 닫혀 있었으며, 창가에는 아무도 내다보지 않았다. 죽음처럼 고요했다. 부대는 울퉁불퉁하고 아주 길다란 광장,

제대로 자라지 못한 뽕나무가 대여섯 그루 서 있고, 도시의 모든 쓰레기들이 떠 있는 도랑이 길게 흐르는 광장에 도착했다. 염색업소들의 하수구로도 쓰이기 때문에 도랑물이 파랬다.

창문에 걸린 빨래들은 끔찍이도 가난하고, 황폐하고, 더러운 모습이었다. 창문 유리들은 더러웠고 작았으며, 유리 대신 글이 쓰여진 기름진 낡은 종이들로 가려진 창문들이 많았다. 어디나 충격적인 가난의 모습이 생생했으나, 이 가난하고 작은 마을에 칼을 휘둘러대며 십자훈장을 받기를 꿈꾸는 이들의 마음을 움직이지는 못했다.

이 글에서는 '서민의 냄새'를 풍기고자 했던 것처럼, 일종의 사회학적인 관찰의 면을 볼 수 있다. 관심과 연민으로 시작되는 듯하더니 더 이기적인 관심들로 이런 시작이 빠르게 사라져 버렸다. 더구나 서민들의 의미 있는 모습은 보이지 않는다. 이들이 장소를 떠나 버렸기 때문이었다. 기껏해야 이들은 길모퉁이에서 잠깐씩 보인다. 실제의 장소에 대한 이해는 인물들을 통해 이루어질 수 있는데, 관찰해야 할 인물들이 없는 이상 텍스트는 목격자들, 즉 별 값어치가 없을지라도 훈장들을 찾아다니는 창기병들을 조명한다.

플로베르, 졸라

19세기 후반의 소설에는 적어도 눈에 띄는 두 가지 경우가 있다. 여기서 혁명은 정면에서 환한 대낮에 보여지고 있다. 플로베르의 《감정 교육》(1869)과 졸라의 《제르미날》(1885)이 그 두 가지 예이다. 이들의 혁명은 같은 위상을 보이지는 않는다. 졸라의 소설은 주로 파업을 다루는 이야기로서, 이 이야기의 첫번째 역할은 노동자들에게 초점을 맞추는 것이다. 플로베르의 소설에서는, 1848년의 혁명 때 일시적이나마 바로 그 장면의 주인공이 되었던 서민은 일화적인 역사적 인물로 그칠 뿐이다. 그럼에도 불구하고 서민의 존재는 특히 이 소설 제3부 시작 부분의 튈르리 궁전 습격 이야기에서 깊이를 가진 존재로 나타난다. 이 일화는, 미슐레가 보았던 혁명적 전통의 계승자이며 고유의 활력을 가진 영광스러운 서민 같은 이미지를 상당히 강하게 다시 문제삼는다.

갑자기 〈라 마르세예즈〉가 울려 퍼졌다. 위소네와 프레데릭은 난간 위로 몸을 기울였다. 바로 서민들이었다. 맨머리, 군모, 붉은 챙 없는 모자, 총검, 어깨들이 서로 정신 없이 떠밀리면서 어떻게나 엄청나게 층계에서 들끓고 있었던지, 사람들의 모습은 사라지고, 마치 저항할 수 없는 충동으로 오래도록 우르릉거리며 몰려드는 만조 때의 밀물처럼 계속 오르고 또 오르는 우글거리는 무리만이 보였다. 위로 올라오면서 이 무리는 흩어지고 노래가 시작되었다.
 해안에 부서지는 파도 소리 같은 목소리들과 함께, 온갖 종류의 발자국 소리만이 들렸다……. 모두 얼굴이 불그레했고, 굵은 땀방울들이 흘러내리고 있었다. 위소네가 말했다.

―― 영웅들의 냄새가 좋지 않구먼!
―― 아! 당신은 정말 참을 수 없군.
프레데릭이 말했다.

 보이는 것 이상으로 느끼고 들리는 '서민의 냄새'가 문제로 남는다. 이 이야기에서(우연적인 효과가 아니다) 플로베르는 혁명의 장면에 대립적으로 반응하는 두 인물에게 관점을 전가시키려고 애썼다. 위소네가 이들 야만인들에게서 혐오감만을 느낄 때, "나는 정말 이들이 숭고하다고 생각한다네!"라고 곧이어 외치는 프레데릭은 사건들의 미학적인 차원에 반응을 보인다.
 바로 이 두 가지 시선에서, 서민이 잘 파악되어 있다는 점을 인정하자. 그러나 정확하게 이들에 대해 무엇이 보이는가? 특히 물결, '우글거리는 무리,' 소란, 이질성과 무례함인가. 집단적인 주체로서의 서민은 그렇게, 즉 덩어리로 다루어지고 있다. 이 튈르리의 삽화들에서 개별적으로 나타나는 유일한 얼굴들은 무례한 사람, 또는 기괴한 사람과 연결되어 있다. 이들 서민의 행동들은 자연과 동화되어 있고, 동물적인 세계를 지향하고 있다. 이들 민중을 평가절하시키기 위해 이들의 충동과 변덕을 자세히 설명하려 들면서, 극적인 요소와 기괴한 요소를 고의로 결합시킨 플로베르의 텍스트로 인해 서민들 자신의 것일 수 있는 정치적인 역할과, 서민들이 형성할 수 있는 일치는 둘 다 덜 중요하게 되어 버렸다. 공쿠르 형제의 표현들을 다시 되새기자면, 이들 민중의 겉모습과 품위 없는 부조화만을 알아보았던 것처럼, 텍스트는 이들 민중의 '정신'·'마음'에 대해 아무 말도 하지 않는다.

감각은 다르지만,《제르미날》에 나타난 노동자들에 대한 표현은《감정 교육》의 폭동과 어느 정도 유사함을 보여 주고 있다. 특히 수용된 관점들에 관한 한, 플로베르의 조롱과 졸라의 시각 사이에 놀라울 정도의 유사성을 찾아볼 수 있다. 박자에 맞추어 혁명의 구호를 외치면서 거리로 나온 파업자들에 대한 묘사(제5부 제5장)를 살펴볼 것 같으면, 이 시각이 바로 한 번 더 중산층 남녀의 시각에 속한다는 것을 알아차리게 된다. 놀라서 어떤 농장 건물에 숨어든 채, 기사 네그렐과 함께 보고 싶은 욕망과 들킬까 봐 두려워하는 마음 사이에서 흔들리는 엔보 부인과 그녀의 딸들이 바로 시점의 주인공들이다. 졸라의 텍스트는 분명치 않은 경계와 시각적으로 관찰이 가능한 위치(주로 제대로 닫히지 않은 짐수레가 드나드는 문)를 매우 중요시한다. 그런 장소는 바로 증인들이 격렬한 장면들을 있는 그대로 모두 볼 수 있는 곳으로, 증인들은 그 장면과 관련됨과 동시에 그 장면과 떨어져 있게 된다.

졸라의 기질에서 오는 모든 차이에도 불구하고, 혁명에 대한 표현은 플로베르에게서 보인 것과 같은 동물적 이미지로 나타난다.《제르미날》에서 노동자의 부인들은 '암컷'으로, 민중은 한 '떼'와 한 '무리'로, 이들의 소리와 노래는 '혼란스러운 음메 소리'로 그려진다. 두 작가 모두에게서 개인들의 존재는 똑같이 사라지고, 자연화되고 영원한 자연으로 동화된 것으로 파악된다.

서민을 그리는 일은 사실주의 작품으로 간주하는 하나의 기준이 된다. 우선 작품이 그 시대 현실과 결합하는 것은 일종의 여건, 의무였다. 이 시대란 중산층에 의해 지배되는 시대이다. 이들은 1848년의 공화주의의 환상을 피를 봄으로써 끝냈고, 또한 《제르미날》의 끝에서는 다시 군림하는 세력이 된다. 그러나 같은 시기에 서민 집단의 압력은 현실로서, 그리고 위협으로서 입증되고 있었다. 이 점에서 소설이 자신의 주변 상황을 공식적으로 확인한 셈이다. 파업에 대한 졸라의 생각은, 파업이 차후 노동자들의 투쟁 수단이 된다는 점을 이해시켜 주었던 사건들이 일어났던 때 나타났다. (그는 "파업에 대한 구상이 자연스럽게 나에게 나타났다"라고 썼다.)

현대성과 당시의 사회적 변화를 포함시켜야 하는 이런 의무와 비교해서 관점, 즉 이런 사회적 변화의 요인들을 그리는 방식은, 그 자체 내에서 흥미로운 실험을 설정하고 있다. 19세기 후반의 텍스트들이 서민들을 중요시 여기며, 졸라의 시대에도 계속 쓰여지고 있는 동정적인 문학과 보수주의 문학보다 더 진실한 빛으로 이들을 비추고자 애쓴다는 것은 부인할 수 없는 사실이다. 그렇다고 해서 서민들이 언제나 제대로 이해되었다는 것을 의미하지는 않는다. 졸라는 공쿠르 형제의 소설 《제르미니 라세르퇴》를 언급하면서 그 점을 설명했다. 즉 '하층 계급'을 표현하겠다는 야심을 내세웠음에도 불구하고, 이들의 소설은 오히려 히스테리의 경우를 병리학적으로 연구한 것과 관련된다는 것이다. 노동자 계급의 내면까지 관찰하겠다는 진정한 의지를 보이고 있는 《독로주점》과 《제르미날》

의 작가도, 어떤 결점들을 피해 표현했다는 것은 분명하지 않다. 드러내고자 하는 의도, 보여 주고자 하는 의도는 때때로 진실과 '문서'라는 핑계가 없었더라면 중산층이 접근할 수 없었을 사실들을, 아주 안전하게 볼 수 있음을 정당화하는 엿보기 취미로 전락되어 버린다.

재현이 가질 수 있는 또 다른 위험과 일탈은 이국주의 경향이다. 하층 계급은 바로 차이점과 기이함을 통해 표현된다. 이와 같이 그 유명한 '소설에서 표현될 권리'는, 일종의 역사적이며 사회적인 합법성에 근거하기보다 이타성과 차별 의식에 근거를 둘 수도 있다. 서민은 별종으로 여겨지고, 19세기의 진정한 프랑스사에서도 어느 정도는 그렇게 인식되어 왔었다. 에드몽 드 공쿠르는 1871년 12월 3일자의 자신의 《일기》에서 여기에 관한 놀라운 고백을 한 바 있다.

왜 이 장소들을 택하는 것일까? 사물들, 인간들, 언어, 모든 것들의 특징이 보존되어 있는 곳은 바로 이 아래에, 문화가 사라진 곳에 있기 때문이다. 왜 아직도 그럴까? 아마도 내가 좋은 곳에서 태어난 문학가이고, 서민은 글쎄 천민이라고 해도 좋고, 나한테 미지의 인구로서의 특징, 아직 발견되지 않은 어떤 것이 아니라 여행자들이 찾고 싶어하는 이국적인 어떤 것을 갖고 있기 때문일지도 모른다……

이런 합리화는 1871년의 《일기》의 또 다른 페이지들의 내용들과 비교할 수 있을 것이다. 여기서는 '파리 코뮌 지지자들'의 혁명에 대해 지독히 부정적인 언어로 쓰여져 있으며, 에드몽 공쿠르는 베르사유 시민들의 무력적인 해결을 축하하고 있다. 사실상 공쿠르만이 파리 코뮌을 혐오하고, 이들을 무너뜨리는 일을 해방처럼 찬양한 것은 아니다. 그 시대의 많은 작가들처럼 서민을 지독히 경멸하는 풍토를 그도 받아들인 것이다. 하층 계급을 표현한 그 시대의 소설 모두를 인종차별주의로 모는 것은 아니다. 단지 소설에 나타난 이들 서민들에게서, 작가들에 의해서 그려진 것만이 당연한 또는 오로지 전부가 아닌, 어떤 의미를 인정해야 한다. 소설에 서민을 끌어들인 것은, 이해하고자 하는 시각만큼이나 자주 우리와는 다른 어떤 이타성을 반영하고자 하는 욕망에 의한 것이다. 모파상이 '구렁텅이'라고 불렀던 그런 곳으로 때때로 빠질 수도 있지만, 사회의 뒷면과 최하층을 그림으로써 전시대를 풍미했던 이상주의에 대항한 시대였던 만큼 서민의 묘사는 정당한 동기를 부여받은 셈이다.

서민의 소리를 재현하는 방식

서민의 소리를 듣고자 하는 동기를 통해, 예를 들어 하층 계급의 언어를 모방하는 것이 특별한 목적이 될 수 있었던 이유가 충분히 설명될 수 있을 것이다. 여기에는 다른 특성과 마찬가지로 해당되는 또 다른 차이, 특히 문학적인 차이가 있다. 어쨌든 바로 이런 식으로 다른 이들 중에서 공쿠르 형제·졸라·위스망스가 이러한 문학적 차이를 알아차렸다. 게다가 이 작가들의 작품은 발자크와 플로베르도 포함해서 비교되어야 할 것이다. 이러한 비교는 '사실주의'와 '자연주의'가 갈라지는 분수령을 나타나게 할 수 있을 것이다. 발자크에서 알아들을 수 없는 어떤 사투리(예를 들어 뇌생갱의 알자스어)가 그대로 전사된 것을 제외하고는, 문헌상으로 진정 이해하지 못할 염려는 없다. 플로베르의 작품에서는 저속한 언어 사용은 제한되어 있다. 《보바리 부인》에서 이런 언어는 농부들만 관련되어 있고, 《감정 교육》에서 개인어가 더 자주 포함될지라도, 플로베르는 더구나 그가 싫어하는 형태인 직접화법으로 말을 그대로 모방하는 데까지는 가지 않는다.

반대로 졸라는 《목로주점》의 서문에서 언어적인 목적을 아주 분명히 밝힌다. 그는 작가의 시도에 격분하는 아카데미즘의 비평과, 서민들을 비방했다고 비난하는 공화주의자들에 맞서 이렇게 주장한다.

서민들의 언어를 모아서 아주 공들여 만든 주형에 부어 넣고 싶은 문학적인 호기심을 가졌다는 게 나의 죄라면 죄이다. 아, 표현 방식이 바로 큰 죄가 되다니! 그럼에도 이들 언어를 다루는 사전들은 존재하고, 학자들은 이 언어를 연구하며 이 언어의 가치와 예견치 못했던 일, 이 언어의 이미지들이 보유한 힘에 즐거워한다. 연구하는 문법학자들에게 이 언어는 큰 기쁨이 된다. 무슨 상관이람! 아무도 내가 순수하게 문헌학적인 작업을 하려는 마음이었으며, 역사와 사회에 대한 열렬한 관심으로 임했다는 것을 보지 못했다.

그러므로 고상한 취향에 충격을 주었다면 바로 서민들의 소리 그 자체가 충격을 준 것이다. 그럼에도 작가를 반대하는 분위기가 형성된다. 푸르코 같은 이의 글을 보자.

졸라의 말을 빌려 문체의 특징을 말하려고 하는데, 그는 인용한다고 화를 내지는 않겠지만, "문체는 확실히 역한 냄새가 난다."

서민들의 목소리를 철저히, 즉 필요 이상으로 들려 주는 새로운 시도에 격분하는 반응들이 나타났다. 비판자들이 눈여겨 보아야 하는 어떤 특이한 일이 일어난다. 즉 소설이 이 경우에 말하는 주체라는 대상과 위험하게 관련된다는 것이다. 게다가 이때가 문헌학의 전성기였으며, 가장 일반적인 의미에서 문헌학은, 국민성을 찾아내는 일과 관련된다는 것을 잊지 말자. 졸라의 '순수하게 문헌학적인 작업'은 이처럼 중산층의 작가로 하여금 자신의 임무의 한계에서 벗어나게 할 수 있었을 것이다. 그런데 바로 작가의 이런 일탈도 인해, 거의 현대적 의미에서의 민속학적인 작품이 실제로 만들어지게 된다. 소설은 속어를 통해서 뿐만 아니라, 거위 축제날 끝에(제7장) '분뇨담'을 노래하는 쿠포의 노래를 직접화법으로 그대로 실었던 것처럼, 민중 문화의 단편적인 요소를 통해 확고하게 서민의 목소리를 수용한다.

그러나 문체의 악취를 비난할 때라도, 이런 인용 형태가 가장 격분시키는 것은 아니다. 어쨌든 서술자는 인물의 바깥에 위치한다. 긴 이야기 범위 내에서, 서술자의 발화 행위가 인물의 발화 행위와 결합할 때, 또는 오히려 인물의 발화 행위보다 낮은 차원에서 결합할 때 사정은 다르다. 일률적으로 덧붙이자. '동네'라는 집단적 인물을 포함해 모든 인물들이 자유간접화법 덕분에 언어적인 존재로 이르게 되는 점이 바로 실제 《목로주점》의 괄목할 만한 특징 중의 하나이다. 목소리의 이런 복합성으로 서민들의 이타적인 언어가 제도 내로 들어오는 결과가 된다.

특별한 도입부 없이 서술자와 인물간의 경계를 없애면서, 담론과 이야기 사이에 위치한 인용의 형태인 자유간접화법의 '불순함'을 강조하는 것이 좋겠다. 서술자가 자신의 언어와 서민의 언어를 다양한 비율로 섞어 '부어넣고,' '아주 공들여 만든 주형' 안에서 실제로 말하는 이는 누구인가? 《목로주점》에서 많이 사용되는 '그렇게 말한다(ça parle),' '―라고들 한다(on parle)'에서의 'ça' · 'on'이라고 할 수도 있다. 비인칭 같지 않은 비인칭인 'on'은 말해진 이야기에 존재하는 서술자를 전제하는 편이다. 반면 'ça'는 서술자의 발화 행위 안에서 인물의 어휘가 그대로 전달되는 것처럼, 곳곳에서 이야기를 지배하고 전염시키는 어휘와는 달리 가장 덜 '전염된 어휘'이다. 아래의 예는 인물의 목소리(이 경우 '꼬마' 나나)에 자리를 내주면서 사라지는 서술자의 목소리를 잘 보여 준다.

그것 가지고는 전혀 배부르게 먹지 못했으며, 얼어죽을 지경이었다. 아이가 리본 매듭이나 장식 소맷부리의 단추 같은 예쁜 것을 산다면, 아이의 부모는 그것을 빼앗아 씻으러 가고도 남았을 것이다. 아이가 가질 수 있는 유일한 특권은, 얇은 침대 시트로 기어 들어가 자기의 조그마한 검은 치마를 이불삼아 떨면서 잘 때 쓰는 작은 모자뿐이었다. 아니, 이런 끔찍한 생활을 계속할 수는 없었다. 아이는 털끝만큼도 자신의 몸을 그곳에 의탁하고 싶지 않았다.

졸라가 어떤 점에서는, 서민들이 사용치 않고 사용되어지지도 않는 서민의 언어를 찾은 것이라고만 한다면 그것은 잘못된 생각일 것이다. '아주 공들여 만든 주형'은 아주 다른 언어들을 수용한 것에 그치지 않으며, 이 주형은 어떤 방식으로든 제작자(소설가)를 전제로 하는 주관성을 반영하고 제작되었으며, 바로 그 점에서 독자도 감정적인 면에서 포함되어 있다. 이 점은 말라르메가 졸라에게 보낸 편지에서 아주 분명히 표현되어 있다.

……당신의 훌륭한 언어적 시도들 덕분에, 끔찍한 사람들이 자주 부적절하게 만들어 놓은 수많은 표현 양식들이 바로 우리네 같은 문학도들을 웃게 하거나 거의 울게 만든 이상, 정말로 가장 아름다운 문학적인 형식의 가치를 띠기에 이르렀습니다! 지극히 감동적입니다.

작가의 고백에서처럼 사회에 의해 결정된 서민들의 자리를 보여 주고자 하는 책의 사회적인, 다시 말해 사회주의적인 목적과 문학적인 목적(말라르메가 감동받은 것처럼)이 서로 결합된다. 낭만적이거나 이상주의가 되지 않고도 '문학도들'을 울게 한, 유익하며 동시에 비평적인 작품이라는 곡예처럼 어려운 일을 성사시킨다는 것은 '하층 계급'을 표현하는 일을 한 차원 높였다는 것과, 이들의 '소설에서 표현될 권리'가 차후 잘 성립되었다는 것을 당연히 의미한다. 서민들이 책에서 진지하면서도 비극적으로도 표현될 수 있는 권리를 찾았다는 의미이기도 하다.

개인들의 운명

졸라가 변두리 서민들을 그리기 전에도, 하층과 중산층 계급의 사람들은 어느 정도 진지하게 표현되었었다. 밀수입자 아버지와 장사하는 어머니를 둔 제르베즈 마카르는——겉모습에도 불구하고——쥘리앵 소렐(목수의 아들)과, 엠마 보바리(투박한 농장주의 딸)와 그렇게까지 아주 다른 것은 아니다. 중하층 출신으로 환경에 의해 강하게 지배받는 이 인물들은, 아우어바흐의 말에 따르자면 '사실적-일상적-역사적' 형태 안에서 비극의 형태를 취한다는 공통점을 가지고 있다. 비극에 대한 관례적인 정의와는 모순적으로 보일 수도 있는 이러한 형태에 대해 살펴보도록 하자.

비극, 적어도 고전적인 비극은 초월이라는 특징을 갖는 세계에서 인물들을 이상화시키는 쪽으로 전개되며, 일상적이고 현대적인 것들을 멀리하는 것을 기반으로 한다. 일상에 편입된 사실주의 소설의 인물들은 초월이 없는 세계에 살고 있다. 적어도 옛날 형태의 신도, 운명도 없다. 차라리 초월을 대신하는 다른 결정 요인들, 즉 시대·환경, 특히 유전과 같은 요인들이 영향을 미친다고 말해야 할 것이다. 발자크나 스탕달·플로베르나 졸라에게서 이들의 사실주의 이야기의 대부분 주요 인물을 형성하는, 개인들이 불가피하게 직면하고 있는 경제적·사회적 힘의 논리도 잊지 말아야 할 것이다. 그러나 이런 이야기 외에도(엠마 보바리의 이야기는 또한 경제적 파산에 대한 이야기이다) 가장 편협하고 가장 소시민적인 주체에서, 예를 들어 보바리 부인이 살고 있는 지방의 역사 같은 데서 일어날 수 있는 그대로 폭로된 존재에 관한 비극도 볼 수 있다.

보통 독자라면 라스티냐크·쥘리앵 소렐·엠마 보바리·제르베즈 마카르와, 그외의 다른 '사실주의 소설의 인물들'을 기괴하다고 보지는 않을 것이다. 분명히 발자크에게서 멜로드라마적인 과장의 흔적들을 찾아낼 수 있을 것이며, 마찬가지로 졸라와 다른 자연주의 작가들의 흥분과 우울이 번갈아 나타나는 조울증적인 플롯에서 너무나 많은 대립들을 찾아낼 수 있다. 그래도 감동적이고 풍자적이며, 교육적인 면을 다룬 이전의 범주들을 이들에게 적용하는 것은 더 이상 적합치 않다. 아우어바흐는 엠마 보바리에 대해 그 점을 밝히고 있다. 엠마가 비극적인 주인공이 아니라면, '어리석은 일'로 심하게 조롱되었을지라도 정체성 확립이라는 문제와 함께 "자신의 운명의 막다른 골목에 선 그녀의 모습이 너무나 깊이 이해되고, 너무나 잘 드러나기 때문에 더 이상 희극적이지도 않다."[13]

19세기 동안 진지한 표현으로 그려진, 사회적으로 열등한 인물들은 예전 의미에서의 운명(라틴어로 fatum)은 아니지만 어떤 운명을 가지고 있다. 이 운명이란 그들의 권리인 심화뿐만 아니라, 소설이 파악하려고 했던 이들의 전기적 차원과도 관련이 있다. 전락을 다룬 이야기로서, 부자 관계와 세대의 문제를 중심으로 다룬 《고리오 영감》과 같은 소설에서 바로 이 전기적 차원, 즉 어떤 일생은 중요하다. 이런 전기적인 인생 역정은 플로베르의 소설에서도, 특히 종결 부분에서 보인다. 《보바리 부인》의 끝 장면과 자신이 죽기 전 엠마를 생각하며 흐느끼는 샤를이나, 《감정 교육》의 마지막 장에서 자신들의 실패한 인생을 되돌아보는 프레데릭과 델로리에를 생각할 수 있다. 아마도 운명적인 일생에 대한 생각을 플롯에 포함시켰을 졸라의 소설은 더욱 분명히 이런 전기적 차원을 나타낸다고 볼 수 있는데, 《목로주점》의 경우도 초안 단계에서부터 운명적인 일생에 대해 분명히 밝히고 있다.

> 나는 당연히 서민층의 한 여성의 삶을 조명할 수 있을 것이다. 파리에 사는 22세(1850년에)의 제르베즈를 택할 것이며, 1869년 그녀가 41세가 될 때까지를 지켜보고자 한다. 그녀는 상상할 수 있는 모든 수치들을 겪게 될 것이다. 끝에 가서 그녀는 어떤 극적인 상황에서 죽게 될 것이다.

덜 난폭하지만 실제로는 당연히 더욱 비극적인 끝맺음을 위해, 미리 구상했었던 가혹한 줄거리를 취하지 않을 것이라는 점만 빼고는, 졸라가 이런 구상에 만족한다는 것을 주목하자.

소시민이나 서민의 주제라고 비극적인 의미를 담지 못하도록 금지된 것은 아니다. 하층 계급 출신의 인물들, 이들의 일상적인 현실을 묘사한다고 해서 아주 오래 된 비극적인 도식을 다시 사용치 못한다는 이유도 더 이상 없다. 예를 들어 《루공 마카르》 총서에 나오는 몇몇 인물들(유전으로 인해 전락할 수 있는 자들)에 관해 졸라가 내세우는 '균열(fêlure)'은, 분열된 주인공의 개념을 다시 끌어들인다. 이들 인물들은 '피를 섞음(hubris)'으로, 정상을 벗어난 과도한 태도로(나나의 경우처럼) 죄를 진 인물들과 자신들도 어쩔 수 없는 힘의 또 다른 희생자들이다. 《쟁탈전》의 여주인공인 르네가 자신의 의붓아들과 근친상간이라는 죄를 범할 때, 그녀에게서 새로운 페드라의 모습을 볼 수 있었다. 그 시대인들 몇몇은 미리 알아차렸었지만, 현대 비평은 소설의 이러한 점에 점점 더 유의하기 시작했다. 졸라가 죽은 후, 상징주의자 스튜어트 메릴은 다음과 같이 썼다.

그러니 거리로 나와 보시오! 아이스킬로스의 여주인공만큼이나 비극적인 테레즈 라캥이 여기 있소. 그리고 과거 타이스가 페르세폴리스 궁전들을 불태우게 했던 것처럼, 파리를 온통 혼란에 빠뜨리는 나나가 여기 있소. 죽음의 강박관념에 사로잡힌 불쌍한 햄릿처럼 사랑의 강박관념과 맞서 싸우는 무뢰신부가 있소. 고대의 숙명 대신 취기·음란함·탐욕이 이들과 이들의 후손에게 죄와 막강한 힘, 또는 광기를 불어넣으려 달려드는 것을 보시오.[14]

5
역사적 의미

 점점 더 많은 대상들을 포괄하는 문학적 표현 운동이 현대에서도 똑같이 시작되고 있다. 이런 것은 현대적 사실주의를 제창한 사람들에게 당연한 의무로 부과되는 것 같다. 발자크와 스탕달이 자신들의 시대상에 대한 표현을 자신들의 책임으로 단호히 받아들였다면, 이러한 재현이 당연하지 않기 때문이며, 이런 재현의 문제 제기적인 특성상 종종 자신들의 구체적 존재에까지 영향을 받았던 사람들은, 구서계와 새로운 세계라는 두 세계간의 전환점에서 무관하게 있을 수 없었기 때문이었다. 특히 제2제정과 7월 왕정 사이에서 활동한 스탕달의 경우가 그러했는데, 그는 그 시대의 격동과 밀접하게 연결되어 있었다. 마찬가지로 발자크가 왕정복고 시대의 역사가였다면, 새로운 접합점에 그가 위치했기 때문이었으며, 《인간 희극》은 그 구조와 모순들을 표현했던 것이다. 19세기 후반의 사실주의는 1848년의 실패로 깊게 각인되었으며, 이 실패로 환멸을 느낀 대부분의 예술가들이 안으로 칩거하는 상황이 특히 두드러지게 나타나는 점이 자주 주시되었는데, 특히 《감정 교육》에 잘 나타나고 있다.

그럼에도 불구하고, 이 시대인들의 통합에 대한 의무가 모든 이들에게 똑같이 부여된 것은 아니라는 점을 분명히 할 필요가 있다. 이처럼 제2제정하에서, 대부분의 작가들은 1848년의 혁명과 그들의 작품 속에 쿠데타를 포함시키는 것에 별 관심을 보이지 않았다. 《감정 교육》은 거의 예외적이다. 특히 사실주의를 전복적인 정치적 차원으로 보려는 시각이 지배적이었던 이 시기에, 플로베르의 결정은 그의 대담함 때문이라고 보아야 할까? 역사를 통합하는 것이 사실주의의 절대적 범주가 아니라고 할지라도, 그 반대로 역사의 통합을 거부하는 것은 좀더 질이 낮은 사실주의로 볼 수 있다.

사건들의 자취

역사적 의미는 우선 작품 속에서 실제적으로 존재하고 표명된 역사로 측정된다. 역사는 날짜, 집단의 기억에 속하는 사건들에서 구체적으로 표명된다. 이런 날짜들과 사건들은 1848년의 혁명을 다룬 《감정 교육》과, 1870년의 전쟁을 다룬 졸라의 《패주》의 경우처럼 허구의 중심부에 위치할 수 있다.

그러나 유명한 사건이 표명되는 것은 어쩌면 배경뿐만 아니라, 허구를 구성하는 차원으로서 역사를 인지해야 하는 것만큼 중요하지 않을 수 있다. 이런 점은 역사가 개인사의 배경, 행위의 토대, 결정적인 힘과 대위법으로 쓰인다는 것을 시사한다.

역사라는 재료를 눈에 띄게는 쓰지 않았지만, 역사적인 어떤 의미를 오히려 증명하고 있는 사실주의 작품들이 있다는 것도 고려해야 한다. 플로베르의 《보바리 부인》과 〈순박한 마음〉이나, 모파상의 《여자의 일생》 같은 지방의 역사를 다룬 작품들이 그렇다. 《여자의 일생》만 보자면, 이 작품은 대략 1819년에서 1850년 사이에 일어난 일을 다루고 있다는 점을 알아야 한다. 그런데 이 작품에서는, 이 시기에 계속 바뀌었고 이 시기를 뒤흔들었던 각기 다른 체제들에 대해 아무 언급도 없다. (《보바리 부인》은 적어도 이 시기를 어느 정도는 반영하고 있다.) 《여자의 일생》에서 이러한 침묵은 아마 사진의 음화와 같을 것이다. 한 여인의 슬픈 연대기에서, 이러한 무는 의미하는 바가 있다. 우선 사실임직함의 관점에서 그렇다. 소외된 여성과 지방을 다룬 이야기에서 대사건들이 나올 수 없는 것이다. 다른 한편으로 여주인공이 역사의 어느 순간과도 연결되어 생각되지 않는 책에서 돌출적일 수 있는 사건은 그 반대를 의미할 수 있을 것이다. 모파상의 문체는 이러한 단조로움을 기반으로 자연히 만들어지고 있다.

그럼에도 《여자의 일생》을 역사적 차원에서 읽는 것도 가능하다. 모파상의 이야기는, 안일하고 자신의 시대의 흐름에서 주변인으로 남는 시골의 귀족 계급의 몰락을 엿보게 해준다. 이들 귀족들은 여주인공 주변의 시대에 뒤진 여러 모습들로 상징된다. 후작인 아버지, 지방의 족보를 취미삼아 연구하는 어머니, 빈털터리가 되어 타산적인 남편이 된 자작, 경거망동으로 서민들의 가족적인 성의 몰락을 재촉한 아들까지. 게다가 이 소설이 귀족들의 몰락과 병행하여 여주인공의 예전 하녀이며, 이 이야기에서 윤리를 끌어내어 보여 주기까지 하는 로잘리의 모습에서처럼, 부지런하고 선견지명이 있는 몇몇 서민들의 발전을 보여 주기 때문에 성은 잘 선정된 장소였다. 지금 그 시대와 관련이 있는 이야기의 인물들을 다시 볼 것 같으면, 이들 인물들이 정치와 사회적 토대를 갖고 있는 인물들이며, 이들의 인생 역정이 고락을 같이하면서 집단의 역사로 통합된다는 것을 알 수 있다. 여기서 프랑스의 역사를 다른 관점에서 표현하고 있는, 소설이 시작되는 시점까지 그랑데가 모은 모든 재산의 기원이 《외제니 그랑데》의 시작 부분에서 회상되고 있음을 예로 들 수 있다. 발자크 소설의 특징인 과정은 그 자체로 의미 있다. 회상 부분은 단순히 독자들에게 정보를 제공하는 차원이 아니라, 개인의 우여곡절을 집단의 역사와 연결하고자 하는 데 쓰이며, 이들의 관계들이 세부적으로 묘사됨으로써 어떻게 이들이 서로 관련되는지 드러내는 데 쓰인다. 그랑데에 대해 사실인 것은 발자크의 거의 모든 인물들에게서도 사실이다. 시간과 관련된 관점은 《인간 희극》 어디에서나 나타나며, 아주 다르게 실현되며, 때때로 이러저러한 인물들에 의해 설명되어지기도 한다. 구세계의 대변자인 드 샹트리 부인(《현대사의 이면》에서)이 말한 이 이야기를 여러 사람이 다시 취할 수도 있을 것이다.

왕정, 종교를 뒤엎으면서 구프랑스를 지탱했던 요소들을 제거한 40여 년간의 폭풍으로, 가족이나 재산에 대한 우리들의 마음과 이해 관계에서 우리 모두 큰 상처를 입었고 충격을 받았다.

전기적인 차원을 다루는 사실주의 소설에 있어 중요한 것은, 사적인 면과 공적인 면을 분리해야 하는 문제이다. 그 시대, 세대의 역사를 개인 역사라는 줄기 속에 넣으려면 어떤 방식을 따라야 할까? 소설가마다 자신의 방식으로, 종종 소설마다 다른 방식으로 이 문제를 해결했다. 이 점에 관해 《보바리 부인》과 《감정 교육》을 비교하는 것으로 충분하다. 개인의 이야기이면서도 한 세대의 이야기인 《감정 교육》은 독창적인 해결 방식을 보이고 있다. 여기서 사랑과 정치는 대칭적으로 발전되어진다. 사랑에 대한 꿈과 사회에 대한 꿈은 독립적인 동시에 동일한 꿈이다. 이 둘은 서로서로 올라가는 단계와 내려가는 단계를 거친다. 프레데릭 모로가 파리와 혁명의 장면에서 멀리 떨어져 아르누 부인에 대한 이상적인 사랑을 세속화시키며 정치적 이상을 포기할 바로 그때, 퐁텐블로 숲에서 로자네트와 목가적인 사랑을 나누는 장면(제3부)이 삽입되는 경우를 들어야 할 것이다.

역사적 해석

소설에서 역사적 움직임에 통합되는 것은, 개인적인 운명만이 아니라 대체로 이 움직임과 밀접한 관계에 있는 창조와 해석의 활동으로서의 소설이다. 게다가 19세기에 문학과 역사는 서로 만난다. 둘 다 서술의 형식을 통해 어떤 사실을 전달하고 있다. 역사적 모델의 영향력은 대단하다. 발자크와 스탕달은 소설가보다 역사학자의 태도를 더 기꺼이 취한다. 나중에 소설이 더 이상 역사학자의 자세로 합리화되지 못할 때에도, 〈제2제정하의 일가족의 자연사와 사회사〉라는 《루공 마카르》 총서의 부제가 보여 주듯 이러한 주장은 계속된다. 게다가 졸라의 작품은 어떻게 역사가 그 시대에 대한 보고서로서 소설을 다원적으로 결정하는지 분명히 보여 주고 있다. 실제 이러한 '자연사와 사회사'는 어떤 단절에 뿌리를 두고 있으며(12월 2일의 쿠데타), 1870년의 전쟁과 파리 코뮌의 분열에서 실질적으로 완성된다. 이런 범주에서, 작가에게 때맞추어 제공된 사건 이상의 것을 보아야 한다. 모든 역사적 사실을 담보로 한 그의 시리즈를 완결하기 위해, 1871년에 쓰여진 《루공 가의 운명》이라는 첫번째 소설의 서문이 그 점을 인정하고 있다.

예술가로서 필요했으며 언제나 극의 끝에서 숙명적으로 찾아내곤 했던 나폴레옹의 몰락은, 감히 아주 빨리 몰락하기를 바라지는 못하더라도 나의 작품의 줄거리를 전개시켜 나가는 데 있어 꼭 필요한 굉장한 소재가 되었다. 그 순간부터 나의 작품은 완벽해졌다. 나의 작품은 완전히 닫힌 원에서 움직인다. 나의 작품은 끝나 버린 체제를 그리며, 광기와 수치의 이상한 시대를 그리고 있다.

그러니까 나중에 쓰여진 이러한 주장은, 특히 시작과 끝을 독단적으로 정하지 않으면서도 소설의 표현에 동기를 부여하려는 사실주의적인 경향을 무엇보다도 잘 보여 준다. 그러나 이렇게 하면서, 역사에서 종결의 원칙을 빌려 오는 것 이상으로 소설은 이번에는 역사 자체로는 가지지 못한 의미를 역사에게 되돌려 주고자 한다. 역사가가 없는, 역사철학자가 없는 역사는 없다.

소설 미학의 영역에서, 역사적 의미에 대한 문제는 바로 미하일 바흐친에 의해 제기되어졌다.[15] 일반적으로 소설, 특별하게는 사실주의 소설이 인물들의 운명을 역사의 일반적인 흐름 안으로 편입시킨다면, 인물들이 시대와 역사적 과정에 대해 특별한 감각을 가진다는 특징 때문이다. 서사시의 대상이 지나가 버린 과거에 속하며 현재와는 유리되어 있을 때, 소설의 대상은 반대로 '미완의 현재와 접속된 영역'에서 나타난다. 소설에 의해 표현된 세계는 닫혀 있지 않고 오히려 사방으로 열려 있으며, 이런 사실은 라스티냐크·쥘리앵 소렐·에티엔 랑티에의 이야기 모두가 경험의 여정과 미완성을 표현하는 성장 이야기라는 도식에서 분명히 드러난다. 게다가 작가와 재현된 세계가 같은 시대에 속하는 것처럼, 작가는 재현 속에 자신과 독자를 내포시킬 수 있다. 앞에서 보았듯이, 현대인들에 의해 상당히 인정을 받은 《뤼시앵 뢰뱅》과 같은 소설은 이러한 입장의 유리한 점과 불리한 점을 아주 잘 보여 준다. 이 책의 두번째 서문에서 스탕달은 이렇게 적고 있다.

소설이 실제 사회의 관습들을 감히 그리기만 해도, 인물들에 대해 연민을 가지기 전에 독자들은 이렇게 생각할 것이다. "이 사람은 어떤 파에 속해 있는가?" 자, 이것이 그 답이다. "작가란 1830년의 헌장을 지지하는 온건파이다."

여기서 작가로 하여금 어떤 의견을 표명하도록 요구하는 시대와, 그 시대의 정치적 대립에 예속된 상태가 재치 있는 말로 명백히 표현되고 있다. 그렇다고 해서 문제에 진지하게 접근하는 것을 막지는 못한다. 텍스트의 영역인 '접속된 영역' (바흐친) 안에서, 대부분의 중요한 현대 사실주의 텍스트는 자신들의 대상과 어느 정도 거리감을 느끼고 있다. 소설 이야기의 시간과 글쓰기의 시간간에 존재하는 거리를 말한다. 왕정복고 시대를 배경으로 하는 《인간 희극》의 텍스트 대부분은 7월 왕정 때에 쓰여졌고, 제2제정 시대에 쓰여진 《감정 교육》, 《루공 마카르》 총서에서 이런 거리는 분명해진다. 이런 거리는, 바로 이전의 과거를 더 잘 이해하게 하고 현재의 지식들을 재배치시킬 수 있는 한 차원 높은 시각을 갖게 한다. 플로베르는 소설에서 1848년에 대해 이야기하기 위해 몇몇 역사가들의 관찰들을 수용했다. 졸라가 자주 그렇게 하는 것처럼 시대들의 융합도 가능해진다. 예를 들어 《돈》(1891)이라는 소설에서 제2제정을 배경으로 한 국제 은행의 붕괴는, 1882년 제3공화국 시대에 일어난 위니옹 제네랄의 파산이라는 훨씬 더 가까운 사건과 맞물린다. 또한 설명해야 할 흥미로운 발전도 있다고 보여진다. 특히 발자크에서도 《사촌누이 베트》(1846)

와 《사촌 퐁스》(1847)에서부터, 소설에서 직접 다루어질 수 있도록 귀족 계급의 종말과 중산층의 승리가 상당히 분명히 드러났었던 것처럼, 그의 마지막 소설들의 경우에서는 실제 사건들과 소설에 나타난 시간들이 가까워지는 것이 보여진다.

이 점을 결론짓기 위해 발자크를 좀더 살펴보도록 하자. 《인간 희극》의 서문의 한 구절은 살펴볼 가치가 충분히 있다. "이와 같이 그려진 사회는 자신의 변화 이유와 함께 전달되어야 했다." 여기서 발자크의 사실주의(그리고 어쩌면 현대적 사실주의를 넘어서는)에 대한 중요한 표현을 볼 수 있다. 즉 발자크의 사실주의는 단순한 관찰의 사실주의가 아니라 **변화와 미래의 사실주의**[16]라는 것을 알 수 있다. 역사적 의미는 바로 이것과 관계되기 때문에, 작품이 말하고 보여 주는 것을 넘어 발자크가 '함께' 라고 표현한 것처럼 자신 안에 '앞으로 전진' 이라는 의미를 내포한다. 미래를 형상화한, 발자크의 '앞으로 전진' 은 1830년의 구원적인 확신에서 나온 낭만주의자들의 미래상이 아니며, 자유주의적인 진보를 믿는 낙천적인 사상가들의 미래상도 아니다. 스탕달의 미래는 종종 도피와 비슷하다. 쥘리앵 소렐이 사회와의 인연을 끊어 버리는 마지막 칼질을 생각해 볼 수 있다. (또는 미완성인 스탕달의 작품 끝에서 급히 이탈리아로 떠나는 뤼시앵 뢰뱅을 생각해 볼 수 있다.) 이 시대의 또 다른 모습인, 졸라의 미래에는 이상적인 도시에 대한 꿈과 역사의 초월이 섞여 있다. (《루공 마카르》 총서, 《4복음서》를 뛰어넘는 글쓰기를 통해.)

이렇게 서로 다른 형상화들 중에서 결정하지 말아야 하며,

이렇게 다른 사실주의들이 같은 시대에서 일어나지 않았을지라도, 역사를 찬미하거나 비난하는 것과 같은 그런 역사적 의미를 부여할 필요가 없다. 예를 들어 《인간 희극》이 역사적 차원과 유물론적 차원에서 읽기에 아주 적합하다는 것은 사실이다. 그것은 마르크스가 1848년의 사건들에 대해 하게 될 분석들이 《감정 교육》에서도 가능케 했던 역사적 의미를, 플로베르가 너무 예술적이라는 이유로 거부해서는 안 된다는 것을 의미한다. 끝으로 《루공 마카르》 총서가 19세기 후반의 프랑스에 대한 민속적이고 사회학적인 생생한 관점을 진정으로 축적해 놓았다는 것, 우리들이 바로 이들 축적의 직접적인 상속자가 된다는 것을 무시한 채, 졸라를 그의 작품의 마지막 부분의 특징인 유토피아로 도피한 사람으로만 보는 것은 잘못된 일일 것이다.

6

사실주의 / 자연주의

19세기 후반의, 학파로서의 사실주의와 자연주의 운동을 강조하지 않는다는 것은 불가능하다. 이들을 언급하는 것은, 앞에서도 보았듯이 피할 수 없는 일이다. 사실즈의의 개념을 한 시대에 속한 개념이라고 보는 이들도 이 점은 인정한다.

말의 사용

이런 식의 표준화는 우선 이 말이 사용된 시점에 달려 있다. 최초로 사실주의라는 말이 나타난 시점을 고려해 볼 때, 1830년대부터 미학적인 의미에서 쓰여졌음을 알 수 있으나, 연대성의 의미와 앞세대의 미학을 거부하고, 사실에 충실하며 '하층 계급'을 설명하고, 현대적이 되려는 욕망과 같은 새로운 가치들을 빠르게 전진시키고자 하는 운동을 이끈 '기수-어휘(mot-drapeau)'로 발전되고 쓰이던 때는 1850년경이나 되어서이다. 졸라가 아주 일찍부터 자신의 활동을 격상시킨 활동이라고 생각했던 만큼, 조금 더 후에 그와 같은 시각이 '자연주의'에 적용된다. 바로 거기에서, 그 이전부터 있어 왔던 말을 다시 새롭게 하고, 광고 수법이 동원되지 않았다고는 할 수 없지만, 사물과 동시에 그 말을 받아들이게 하려는 욕구가 있었다.

'사실주의'의 주동자들은 다른 점이 있다. 이들 주동자들은, 졸라와는 반대로 이전 시대의 규범들과 일치하지 않는다는 것을 거칠게 주장은 했지만, 새로운 개념을 이론화하고 단련시키는 일에는 노력을 기울이지 않았다. 특히 쿠르베가 낭만주의를 파묻었던 〈오르낭의 장례식〉(1849-1850)이라는 그림 겸 선언서의 의미가 그러했다. 이 운동의 다른 지도자인 샹플뢰리도 그와 같은 단절의 의지를 보인다. 그는 《사실주의》(1857)의 서문에서, 젊은이들에게 "학설을 세우지 말라"고 이끈다. 쿠르베와 샹플뢰리를 읽어보면, '사실주의'라는 어휘는 비평가들에 의해 부과된 것이며 투쟁의 관점상, 때로는 단순히 편리한 분류로서, 때로는 전투와 도발의 무기로 수용된 것 같다. (쿠르베에게 이상이나 상상력에 대해 말할라치면, 그는 붓을 들어 똥을 그린다고들 한다.)

사실주의/자연주의를 한 쌍으로 보는 관점은, 이들이 각자의 길을 가면서 서로 맞물리기도 하고, 미학의 영역에서 서로 경쟁이 되기도 한다는 점을 상기시킨다. 일어난 순서라는 범위에서 본 문학사는 연속되는 자연스러운 관계 속에서 서로 연결지어지는 경향이 있다. 1868-1890년 사이의 자연주의 운동은, 그전 20년 동안의 사실주의 운동의 경향을 체계화하고 이론적 측면을 강조하면서 이 운동을 연장한 것이다. 전이 과정들에 대해 침묵한 점을 제외한다면, 숭배자들이 편입시키고자 했던 모든 '주의'와 항상 거리를 분명히 두려는 두 가지 입장과 관련되어 있는 공쿠르 형제나 플로베르 같은 이들의 위치를 정하는 데 있어 힘든 점을 제외한다면 이러한 설명은 사실이다. 졸라가 '자연주의 소설'(《자연주의 소설가들》, 1881)의 전형으로 《보바리 부인》을 가리키면서 자신의 입장과 열심히 접목시키려 했지만, 플로베르를 어디에 분류해 놓아야 할까? 오늘날 개론서를 믿는다면, 플로베르의 소설을 더욱 쉽게 사실주의 걸작품이라고 간단히 평하게 된다.

문학사를 개괄적으로 보는 시각은, 적어도 어떤 시대에서 이 두 용어가 대립하고 있는 사실을 유감스럽게도 간과할 수 있다. 실상 이들을 쉽게 대치할 수 있다고 보는 연대기적 구분을 넘어 이들간의 대립성은 계속되고 있다. 역사를 가까이에서 관찰할 경우, 오히려 상당히 복잡한 교차가 나타난다. 1880년경 예술의 이상주의와 대립했던 정기 간행물들 중에서도, 이 용어를 사용하는 것뿐만 아니라 따라야 할 노선에 관해 일치하지 않았으며, 특히 졸라의 학파를 지지하느냐 하지 않느냐에 대해서도 일치하지 않았다. 《사실주의지(誌)》(1879년 4월 12일)에서 바스트 리쿠아르는 다음과 같이 썼다.

자연주의가 하나의 제도인 반면, 사실주의는 하나의 방법론이다. 다른 사람들은 추악한 언행들을 과도하게 탐구하는 데 너무나 빠져들고 있지만, 우리들은 이 길을 따라가지 않을 것이다……. 우리는 여기서 자연주의자들의 이러한 결정을 받아들이지 않을 것을 주장하는 바이다.

이것을 반박하는 졸라의 논거를 보자.

 사람들은 왜 내가 30년 전에 통용되었던 사실주의라는 말로 만족하지 않는지를 생각해 본다. 단지 그때의 사실주의가 하나의 당파였고, 문학과 예술의 지평선을 좁혔다는 이유 때문이었다. 나에게 자연주의라는 말은 그 반대로 관찰의 영역을 넓히는 말 같아 보였다.

 오늘날 이런 정당화들은 사실주의/자연주의 관계가 뒤바뀌었음을 간파할 수 있게 한다. 졸라의 운동이 던졌던 비난들은 억누르면서, 자연주의가 신용을 잃을 수 있다는 점이 공통된 문학적 의식 안에 잠재되어 있었던 것 같다. 경직된 교리와 관례적인 표현 방식으로 인한 정체는 졸라가 시도한 것의 진정한 의미를 사라지게 했다. 자연주의라는 용어가 오랫동안 〈실험소설론〉(이 운동을 명철하게 논리화한 텍스트)이라는 유일한 빛을 통해서만 이해되어 왔다는 것은 불행이었다. 그리고 클로드 베르나르의 '실험적 방법론'과 같은 어떤 방법적 차원으로, 즉 결정론·유전 관찰·실험과 같은 것을 포함하는 학설의 차원으로 머물렀던 것도 불행이었다. 이런 점에서 이 운동은 매우 공격받을 만했고, 사람들은 뤼카 박사의 유전 이론에 과도하게 의지한 점과 실험적 방법론을 소설로 전이시킨 것을 규탄하게 되었다. 바로 거기에서 〈실험소설론〉(1880)에 대한 브뤼네티에르의 신랄한 비판이 나오게 된다.

소설에서 실험은 있을 수가 없다. 관찰만이 있을 뿐이다. 그렇기 때문에 실험 소설에 대한 졸라의 이론이 실패하고 기초부터 곧장 붕괴하기에 충분하다.

브뤼네티에르의 논쟁은 그를 뒤이어 자주 일어나는데, 사실상 이런 논쟁은 피할 수 없는 것이다. 그러나 그는 졸라의 작품들이 제목에서부터 일그러지게 보이는 거울과 같은, 〈실험소설론〉에서 언명되었던 이론을 단순히 적용한 것으로 볼 수 없다는 점을 인정한다. 이러한 논쟁은 졸라의 '자연주의' 모두에 적용되지 않으며, 진보를 신봉하는 작가가 그 당시 과학들의 실증주의적 요소에서 빌려 온 것에만 적용된다. 사실 졸라는 그가 내세운 새로운 개념을 통해 여러 가지 기준들과 전통들을 통합한 것이다. 낡은 철학적 전통(이것에 의하면 자연을 벗어나서는 아무것도 존재하지 않는)과, 자연과학과 생물학의 좌표, '소재를 앞에 놓고 작업하는' 미술의 기준을 통합했다. 물론 '자연주의'를 정의할 때 자주 무시되어 왔지만, 가장 의미를 잘 파악할 수 있는 곳이 바로——졸라가 좋아하는 예술 비평의 영역인——눈에 보이는, 인간이 살고 있는 세상에 대해 열정을 가진 미술의 영역에서이다. 이 세대의 작가들이 비난받았던 변함 없는 묘사 방식은, 넓은 의미에서 보이는 자연에 대한 취향에서 나온다. 졸라는 이 점을 〈실험소설론〉의 '묘사에 대하여'에서 설명하고 있다.

자연은 너무나 맹렬한 기세로 우리들의 작품 세계로 들어왔기 때문에 때로는 인간성을 침몰시키면서, 바위와 큰 나무들이 부서지며 인물들을 휩쓸고 지나가면서 우리들의 작품들을 채워 나갔다. 게다가 이러한 과도한 묘사와 자연의 범람 속에서도 배우고 읽을 것이 많이 있다. 자연주의 발전사에서 아주 귀할 수 있는 탁월한 문서들이 거기에 있다.

집단의 전략

19세기 후반의 문학적인 상황에서 사실주의와 자연주의 경향들이 그토록 힘을 발휘한 것은, 집단 의식과 시대 의식을 전제하는 집단 차원의 전략과 결합된 세대의 현상과도 관계된다.
집단 차원의 전략에 대해 말한다는 것은, 어느 시기에 문학과 예술에서 권력을 차지하고자 원하는 어떤 세대가 사용한 방식들을 확인하는 일과 관계된다. 실제 다른 예술 분야들, 특히 오랫동안 진정한 유대 관계를 유지해 왔던 문학과 미술을 완전히 분리할 수 없을 것이다——이 점에 대해 다시 설명할 것이다. 권력을 차지하려는 시도는, 신봉자들이나 완고한 자들(강제할 수밖에 없는)과 의용병들로 늘어날 수 있는 연합병들이 한 명 또는 여러 명의 지도자들을 중심으로 모이는 집단의 출현과 무관하지 않다.
다시 이 점을 살펴볼 것 같으면, 이 두 종류의 운동은 서로 대비되는 점이 많이 있다. 연합의 장소, 날짜, 상징적인 동기와 같은 일화적인 이야기에서부터(사실 진정으로 일화적이라고도 할 수 없지만) 시작해 보자. 쿠르베 주위로 모인 '사실주의자들'이, 1850년에서 1860년 사이에 브라스리 맥주 홀에서 회의를 개최하면서 가진 모임과 선언문들간의 상관 관계를 볼 수 있을 것이다. 플로베르의 저녁 모임 또는 '5인의 저녁 모임'(플로베르·투르게네프·에드몽 드 공쿠르·도데·졸라)과, 플로베르를 중심으로 앞으로 자연주의와 연관될 모든 이들이 모인 그 유명한 1877년의 트라프 저녁 모임이 있다. 더 나중에 (1880), 이 집단들을 있는 그대로 공식적으로 인정하게 되는 《메당의 밤》(모파상의 〈비곗덩어리〉가 특히 유명한)이라는 단편집이 출판된다.

그리고 이 운동의 주모자의 뜻을 따르거나, 또는 야기된 반발들로 인한 이 두 운동의 광고 효과에 주의해야 한다. 이 두 운동들은 수많은 저항과 마주쳤고, 적대적인 미학적 관점이거나 또는 일반 제도에서 오는 대반격들을 참아내야 했다. 게다가 바로 거의 같은 논의로 비평이 다시 제기되었다. 윤리에 대한 공격이 고발되고(1857년의 《보바리 부인》의 작가에게 제기된 소송의 경우처럼), 진부함과 추악함 속에서 자기 만족과 모든 이상의 포기가 비난되었다. 이러한 반발 또는 대반격으로 그 대상자들의 힘이 항상 약화되었던 것은 아니다. 플로베르의 책은 소송 덕을 보았고, 학파들간의 단결도 고발자들 덕분에 이루어진 셈이었다.

이런 점을 볼 때, 이 운동의 가치를 광고적 재능의 모든 측면에서 살펴보아야 한다는 것을 의미한다. 공식적인 전시회에서 거부된 쿠르베가, 모든 제도를 떠나 새로이 조직할 생각으로 성사시킨 전대미문의 행사의 이름으로 '사실주의'라는 말을 사용했다는 것을 잊지 말자. 이 행사에서 쿠르베는 40명 가량의 화가들을 그린 그 유명한 〈화가의 작업실〉이라는 그림을 선보였다. 에밀 졸라의 광고 재능은 더욱 잘 알려져 있다. 자연주의를 옹호하기 위해서 신문들을 통해 연속적으로 홍보했으며, 스캔들이 오히려 성공을 가져다 주었다. 《루공 마카르》 총서의 편집에서도, 그의 광고면에서의 재능은 잘 나타난다. 한때나마 일종의 '자연주의 공화국'[17]의 우두머리가 될 정도로 그의 교조적 영향력도 물론 빠뜨릴 수 없다.

문학 장에서, 정기간행물들(특히 19세기에)은 학파들을 공식화하는 데 있어 중요한 역할을 한다. 사실주의는 진정한 잡지를 가진 적이 없었다. 자연주의는 자신들의 잡지들을 여러 종류 가지고 있었으나 진정한 보급의 도구로는 사용하지 않았다. 아마도 이런 것이 약화의 원인이 되었을 것이다. 실상 집단들의 단결은 항상 문제가 많았으며 불확실했다. 이 운동의 양끝에서 그런 증거들이 보인다. 첫번째 증거는 거의 상징의 영역에 속한다. 즉 쿠르베의 성명서 격인 그림 〈화가의 작업실〉에는 어떻게 거기 함께 있게 되었는지 의구심이 드는, 사방에서 온 많은 사람들이 화가 주변에 나타나 있다. 특히 상당히 빨리 이 그룹에서 멀어져 나갈 보들레르가 보이며, 나중에 쿠르베를 비난하게 될 샹플뢰리도 이 그림에 들어 있다. 다른 끝에서, 즉 특기할 만한 위기의 진짜 징후들이 1880년대경에 보인다.

졸라의 운동이 한계에 이르렀음을 분명히 보여 주는 이 위기를 잠시 살펴보자. 요컨대 사실주의와 자연주의간의 또 다른 경계선이다. 사실주의는 진정한 사상가와 작가들의 부족으로 심한 곤경에 처해 있었다. 쿠르베는 훌륭한 화가이긴 하나 이론가는 아니었다. 샹플뢰리와 뒤랑티는 성실한 작가이나 그 이상은 아니었다. 이와는 반대로 자연주의는 사상가들과 예술가들이 부족하지 않았고, 이들이 지나치게 많음이 문제가 되었다. 문학의 과도함처럼 교리의 과도함 때문이었다. 자연주의의 위기는 소설의 위기이며, 또한 사실주의 개념의 위기이기도 하다. 이 운동은 소설의 모든 영역을 차지했고, 관찰을 내세우면서 상상력의 힘이 상당히 위축되었다. 거기서부터 심리학과 특히 정신주의 영역 같은 것을 새로이 받아들이면서 장르를 쇄신시킬 필요가 있었다. 위스망스가 1903년에 자신의 소설 《거꾸로》(1884년 출간)에 쓴 서문에는 소설과 사실주의의 이념이 맞이하게 된 곤경이 잘 표현되고 있다. 막강한 힘을 발휘했었던 폭로적인 주제와 기법의 고갈로 일종의 고전적 자연주의와 진부한 표현을 낳기에 이르렀다. 그런 식으로 자연주의 운동의 미학적인 규범들은 그때부터 현실을 왜곡하고 참을 수 없는 소설의 한계로 인식되었다.

그때부터 예술사에서 통상적인 과정인 전복이 일어나고, 모든 것이 뒤바뀌게 된다. 이런 것이 사실주의-자연주의 운동을 거부하는 요인들이라고 할 수 있을 것이며, 낭만주의적인 사색과 꿈을 거부하는 것은 이상을 금지한 것으로, 생각을 금지한 것으로 규탄된다. 모든 신조들의 경우도 마찬가지이다. 관찰은 표면을 다루는 근시안적이며 어리석은 가련한 예술이 되었다. 묘사는 정신을 희생시킨 대가로 비천하게 대상들에게 복종한 것이다. '하층 계급'을 그리는 일은, 더욱 훌륭한 재현(에드몽 드 공쿠르가 1879년에 《장가노 형제들》의 서문에서 자신들의 소원이라고 했던 '고상하게 표현하는 사실주의 소설'로)으로 갈 수 없음을 반영하는 민주주의 정신의 운명이다. 끝으로 실망을 주는 냉담함, 러시아 문학, 특히 도스토예프스키가 프랑스에 확산되기 시작할 때 '사랑'이라고 할 수 있는 연민의 치명적인 부재와 같은, 객관성에 대한 편견이 문제가 된다.

종합 평가

포기에는 한계가 있다. 자연주의의 '변절자들'조차 자연주의가 일반적으로 문학을 위해 큰 도움이 되었다는 데는 동의한다. 물론 메당의 일원이었으며, 작품의 상당 부분이 자연주의의 한계들을 뛰어넘는 《거꾸로》(1884)가 출판되기까지, 전성기 때의 자연주의를 반영하는 위스망스에게서 가장 명철하고 가장 흥미로운 진단이 나온다. 그러나 1891년의 《저편》을 참조하는 것이 더 나을 것이며, 더 정확히 말해서 처음 부분에서 의사 데 제르미와 어떤 점에서는 작가의 분신인 뒤르탈과의 대화를 참조하는 것이 더 나을 터이다. 자연주의를 비난하는 의사에게 뒤르탈은 이렇게 대답한다.

유물론은 당신만큼 나에게도 혐오스럽지만, 자연주의자들이 분명히 예술에 기여했던 점들을 부정하는 것은 타당치 않소. 결국 우리들로 하여금 낭만주의의 비인간적인 허수아비들에게서 벗어나게 한 것과, 바보의 이상주의와 금욕 생활에 고무된 채 쇠잔해져 가는 노처녀에게서 문학이 벗어나게 된 것이 그들 덕이기 때문이오! —— 요컨대 발자크 이후, 그들은 눈에 보이고 만질 수 있는 존재들을 창조했고, 이들을 주변 환경들과 일치하게 했소. 그들은 낭만주의가 시작해 놓은 언어의 발전이 계속되도록 도왔소. 그들은 진정한 웃음을 알았고, 때때로 눈물이 나게 하는 재능도 있었소. 결국 그들은 당신이 말하는 비천함에 대해 광적인 열광으로 항상 흥분된 것은 아니었소!

—— 아니, 흥분했었소. 그들이 자신들의 시대를 사랑했기 때문이고, 이 점으로 그들이 평가될 것이오.

—— 아니 도대체 무슨 소리오! 플로베르도 공쿠르 형제도 자신들의 시대를 사랑한 것은 아니었소.

—— 그 점은 나도 동감이오. 이들은 정말 성실하면서도 선동적이고 거만한 예술가들이었소. 그래서 나는 그들을 완전히 별도로 놓겠소. 나는 졸라가 풍경화가이며 대중의 지도자이며 서민의 대변인이라는 점조차 기꺼이 인정하겠소. 게다가 다행히도 졸라는 예술에 실증주의를 도입할 것을 격찬한 글의 이론들을 자신의 소설 끝까지 밀고 나가진 않았소.

후세대들은 발자크라는 기원으로 다시 가지 않고, 플로베르·공쿠르 형제·졸라와 같이 별도로 떼어 놓은 이들 작가들의 체제에 대해 뒤르탈의 편을 들어 준다. 지금 개인들과 개인적 특성들을 빼고 생각하고자 한다면, 전체적인 면에서 살펴본 이러한 흐름은 두 가지 중요한 특징들, 즉 어떤 의무와 어떤 모순이라는 특징들을 가지고 있다.

아주 잘 알려져 있고 확실히 분명한 이 의무 사항은 바로 진실이라는 중심어이다. 이 말은 당연히 오해의 여지가 많은 말이다. 플로베르(더군다나 보들레르처럼)는 1850년경 장소를 세세히 재현하는 것을 진실로 혼동하고, 충실한 사진술이라는 미명 아래 기법과 문체를 삼갈 것을 주장하는 사실주의자들과 합류했다. 진실이 중심어가 되면서, 예술가는 있는 그대로의 자연 연구·문서·관찰·정확한 세부 묘사 등과 같은 일련의 참여 앞에 놓이게 되었다. 플로베르의 《작업 수첩》, 공쿠르 형제의 《일기》, 졸라의 《조사 수첩》과 같은, 자주 예비 작업이 되어 온 여전히 탐구할 것이 남아 있는 일종의 고문서의 조성 없이는 소설적인 조성도 없다. 이 모두는 '작업'이라는 가치 아래로 다시 모아진다. 진실과 작업은 사실상 미학적이고, 윤리적인 가치의 척도에서 좋은 취향·감성·천재성과 같은 다른 가치들의 자리를 대신케 되었다. 《목로주점》의 작가에게 말라르메가 보낸 감동적인 편지에 바로 이 점이 나타나고 있다.

정말 위대한 작품입니다. 그리고 진실이 미의 대중적인 형태로 자리잡는 시대에 걸맞는 작품입니다.

과학의 모델에 의존하는 것도 여러 오해를 낳게 하고, 언어와 방법의 남용(《실험소설론》에서처럼)뿐만 아니라 소설가와 의사간의 동화처럼 인위적인 동화를 가져오게 하는 이유가 되었다. 그러나 정직의 의무, 객관성에 대한 열망에서 나온 과학에의 의존은 특히 방법상에 영향을 주었으며, 사실을 재현하는 데 있어 분명히 기여했다. 그 점이 위스망스의 뒤르탈이 주장하는 바이다.

그러나 사실주의-자연주의 운동은 진실이라는 의무에서 유래한 것이지만, 이 진실의 의무만큼이나 근본적인 어떤 모순도 보여 준다. 적어도 이 모순은 이것을 가장 잘 인식하고, 또한 극복하기에 가장 적절한 이 운동의 수행자들에 의해 완전히 확인되어졌다.

바깥에서 들여온 사실주의 계획안은 여러 가지 모순들로 고통받는다. 가장 하찮은 모순이 아닌, 첫번째 모순은 재현의 주체들에 관한 것이다. 문학에서 오랫동안 소외되어 온 중하층 계급 사람들을 그리기로 할 때, 바로 그 점을 탈피하기 위해서라고 내세웠음에도 상투적이고 틀에 박힌 표현으로 떨어질 위험이 컸다. 단순한 인물을 취해야 했고(이 점은 이미 깊이 있는 심리학으로 나아갈 수 없음을 의미한다), 어떤 본보기로서의 성질을 이 인물들에게 부여하기 위해 일반성의 수준으로 끌어올려야 했다. 소설을 통해 어떤 세상을 재현하고자 할 때 중하층의 인물들, 즉 이러한 재현을 책임질 능력이 없는 인물의 힘을 빌려야 했던 것이다. 이러한 결점은 사실주의 문체 중 제일 중요한 묘사에서 특히 드러난다. 대상들(필요 이상으로 묘사되는)과 실제 상황보다 더 높은 지식 수준을 보여 주는 주체의 관점에 비해, 묘사는 자주 과도하게 나타난다. 여기에 즉 이러한 정밀한 묘사와 어울리지 않는 상황과 대화들의 단조로움 때문에 또 다른 모순이 덧붙여진다. 같은 하나의 재료 속에 사물들·말·생각들을 모두 녹이기 위해 직접화법의 대화 부분을 점차 줄여 나가는 플로베르 같은 이에게서 분명히 보이는 모순이었다.

더욱 근본적인 차원에서 다시 계획——일상적이고 평범한 현실을 그리는 일——과, 과도한 기법으로 이어지는 이 계획의 실현 사이에 어떤 모순이 나타나고 있었다. 더 많은 진실은 더 많은 기법을 전제한다. 위대한 사실주의자들은, 사실주의를 '눈속임 기법(illusionnisme)'이라고 정의하는 모파상처럼 바로 이러한 모순적인 전제에 대해 완전히 인식하고 있었다. 그들은 이 점에 관한 한, '예술적인 문체'의 숙련가들인 공쿠르 형제들과 오랫동안 오로지 전문가들에게서만 인정받은 위스망스의 경우에서처럼, 때때로 실패 또는 제한된 평가로 자신들을 몰아갈 수 있는 일종의 위험을 보았다.

위의 모순만큼 문제의 소지가 많은 또 다른 모순은 그 시대와 관련된 것이다. 뒤르탈과 데 제르미간의 대화를 다시 보자.

—— ……그들이 자신들의 시대를 사랑했기 때문이고, 이 점으로 그들이 평가될 것이오.
—— 아니 도대체 무슨 소리오! 플로베르도 공쿠르도 자신들의 시대를 사랑한 것은 아니었소.

적어도 1850년에서 1880년 사이의 사실주의-자연주의 운동은 현대성과 맞물려 나아간다. 이 주제에 대한 선언서들은 쿠르베에서부터 졸라에 이르기까지, 공쿠르 형제와 위스망스를 포함해 풍부하게 존재한다. 위스망스는 《목로주점》의 시기에 강도 높게 이렇게 썼다. "작가란 화가처럼 자신의 시대에 속해야 하며, 우리는 현대성에 목마른 예술가들이다." 그렇지만 공쿠르 형제는 자신의 시대와 떨어져 예술가로 살면서, 자신들의 《일기》에 파묻힌 사람들이다. 자연주의자들의 자주 비난되었던 혐오스러운 그림은 자주 당대의 관심사에 대한 무관심과 무시에서 유래한다. 제목이 시사하는 것 이상으로 부인의 소설인 《저편》에서, 작가로 나오는 뒤르탈은 공동의 현실에서 떨어져 나와 중세에 대한 열정에 사로잡혀 있으며, 당대의 관심사는 그에게는 우스꽝스러운 메아리 정도로만 들린다.

이러한 혐오를 가장 깊이 있게 밀고 나간 이는 플로베르이다. 그의 작품 상당 부분이 그 시대와 인간(주로 서민들)에 대한 증오에서, 어쩌면 소설 자체에 대한 증오[13]에서 쓰여졌다고 말할 수 있으리라. 1856년의 편지, 즉 《보바리 부인》과 같은 시기에 쓰여진 편지가 이 점을 분명히 보여 주고 있다.

현실을 재현한다는 것이 혐오스럽지만, 이 끔찍한 현실이 당신의 마음을 감동시킬 정도의 일을 하지 못하리라 생각하십니까? 당신이 나를 잘 알게 되면, 당신은 내가 일상적인 생활을 혐오한다는 것을 아시게 될 것입니다. 내 개인적으로는 언제나 힘을 다해 기꺼이 현실에서 떨어져 나왔으나, 미학적인 차원에서는 오로지 이 경우에만, 오히려 현실을 깊이 있게 살고자 했습니다. 그래서 나는 장렬한 마음가짐으로 사물을 대했으며, 모든 것을 받아들이고, 모든 것을 말하고, 모든 것을 그리면서, 세세히 듣고자 한 것입니다.

이 고백 속에는 미학과 도덕에 대한 계획들이 분명히 서로 합쳐져 있다. 그의 비통한 내기(특히 《보바리 부인》이 나온 시기에)는 현실과의 싸움과, 비록 냉정하고 모순적일지라도 언어와 예술로 더욱 잘 전환시키기 위해 존재를 받아들이는 것과 관련될 것이다. 예술가의 작업은 실망스러운 내용에서——예를 들어 아무것도 성취되지 않는 세계에 사는 여인의 단순한 삶에 대해 전부 말하게 될——완벽한 형태를 이끌어 내는 데 있다. 존재의 무가치와 '어리석음'을 완전한 형태와 절대적인 시각이 대신하도록 하는 것과 관련된다. 바로 거기에서 플로베르는 문체를 '사물을 보는 절대적인 방식'으로 제시한 것이다. 독창적이면서도 동시에 모순적인 정의이다.

이 정의는 여분의 즐거움으로 정의된 문체에서 벗어나기 때문에, 그리고 초월의 필요성(플로베르에 의하면, 예술가는 자신의 작품 도처에 보이지 않게 존재하는 신의 모습이다)과 동시에 특별한 시각, 절대로 유일하며 대체될 수 없는 시각의 필요성을 주장하기 때문에 독창적이다. 이러한 '사물을 보는 절대적인 방식'(어원상 '절대적(absolu)'은 '분리된(séparé)'이라는 의미를 가진다)이, 어떤 의미에서는 재현된 세계의 자율성을 확고하게 한다는 점에서 모순적이라고 할 수 있다. 재현된 세계는 그러므로 어떤 시각의 소산이고, 이 작품 속의 세계는 현실 세계만큼이나, 아니면 그 이상으로 일관성 있고, 현실 세계와 평행한 세계로 자리잡는다.

사실주의 개념은, 문학적인 의식에 있어서 19세기에 꼭 들어맞는 개념이 되었으며, 특히 19세기 후반에 더욱 적합한 개념이었다. 이 시기에 문학과 예술의 독창적인 걸작품들이 놀라울 정도로 집중되었다는 점을 알아차리게 된다면 당연하다고 말할 수 있다. 물론 사실주의 계획 자체가 이 시기만큼이나 강도 높게 추진되고, 문제를 불러일으킨 적은 결코 없었다. 전체적으로 보아, 후계자들이 이 계획 자체에 내재된 의무 사항들과 어려움들을 그렇게 심각하게 느끼지 못했을지라도, 아라공(20세기의 위대한 사실주의 작가 중의 한 사람)의 표현을 따르자면 '사실주의적인 태도'를 표방할 수 있는 작가들이 많았다. 정확히 말해, 사실주의 개념에 대해 질문할 때마다 이 의무 사항의 의미를 다시 찾게 되는 것 같다. 《현실 세계》의 시기(1934-1951)에 아라공이 한 것, 또는 60년대에 아주 다른 방식으로, 누보로망 작가들의 말대로라면 19세기의 중산층 소설의 낡아빠진 형식들, 즉 편리상 '발자크식'이라고 말해지는 글쓰기의 방식을 비난하면서 이들이 한 것도 바로 이 일이었다.

사실주의의 글쓰기 방식은 다시 택해지고, 다시 새로워지고, 다시 내던져진 이 광대한 유산 속에서 구분될 필요가 있다. 실제 이 글쓰기 방식은 아주 많이 동화되어, 수많은 소설가들에게는 일종의 재화처럼 세상에 관한 소설을 쓰는 어떤 방식, 공동 기호 체계가 되었다.

III

사실주의 텍스트의 시학적 요소

III

사회적 타자로서의 사자

1
사실주의에 대해 다시 말하기

재현의 문제는 상당 기간 평가절하되어 왔었다. 이 재현의 문제는 애매하고, 역사적으로 그리고 이론적으로 혼잡한 상태에서, 형식주의 비평과 언어학의 파괴적인 작업을 견디면서 아방가르드 예술가들에 의해 잘못 다루어진 결과 해결되기가 불가능한 것 같았다. 문학에서 플로베르·공쿠르 형제·위스망스가 사실주의 계획의 한계들을 알고 난 후, 그리고 그들이, 특히 이들 계승자들에게 문학의 자율성에 공헌했던 것으로 바쳤던 이후부터는, 사실주의 계획은 더 이상 당연한 것으로 받아들여지지 못했다.

이 문제에 다시 착수하기 위해, 사실주의 계획을 바로 이 계획의 원칙 속에서 진정 재평가하여야 했다. 동시에 너무 고전적인 해석에 얽매여 있었던 몇몇 작품들은(특히 졸라의 작품들) 다시 읽어야 했다. 시학이 이러한 재평가 작업에 있어 큰 역할을 했다. 시학에 의해 미리 제기된 사실임직함의 개념을 통해 텍스트의 일치에 대한 질문과 같은(현실과의 일치가 아니라 유형이나 장르와의 일치), 또는 '사실적인 효과'(바르트)를 만들어 내기 위해 텍스트에 의해 사용된 수사학적인 과정에 대한 질문과 같은 분명한 질문들이 던져진다. 일반적인 것과 어떤 담론 유형(그러니까 사실주의 담론)의 법칙들로 다시 가고자 하는 목적에서, 시학적 접근은 이 담론의 전제 사항들에서부터 출발한다.

이 분야에서 가장 흥미로운 흔적들은 필리프 아몽에 의해 탐구되었다. 그의 기본 가정은 사실주의 계획을 송신자-작가와 수신자-독자간의 읽기에 관한 협약으로 인식하면서 출발한다. '계약 조건 명세서'에 전제된 약정을 의미하며, 이 약정에서 가장 중요한 부분은 다음과 같다.

1. 세상은 풍부하고 다양하며, 팽창하고 있고 불연속적이다.
2. 이 세상에 대해 나는 정보(이해할 수 있고 일관성이 있는)를 전달할 수 있다.
3. 언어는 현실을 모방할 수 있다.
4. 언어는 현실에 비해 부차적이다. (언어는 현실을 설명하지, 현실을 창조하는 것은 아니다.)
5. 구체적 표현 매체(작가의 주장)는 최대한 사라져야 한다. (졸라의 '유리로 된 집')
6. 작가의 주장을 전달하는 행위(문체, 발화 행위, 양태 부여)는 최대한 사라져야 한다.
7. 읽을 때 세상에 대한 나의 정보가 진실함을 믿게 해야 한다.[19]

아몽은 이러한 '계약 조건 명세서'에서, 가독성(lisibilité)과 묘사의 개념을 토대로 한 19세기 후반 사실주의-자연주의 미학에서 영향받은 사실주의 담론의 이론적 유형을 이끌어 내고 있다. 소위 사실주의 작가들이라고 하는 모든 사람들이 이 계약 조건 명세서에 전적으로 또는 부분적으로 동의하는지를 분명히 생각해 볼 수 있다. 이 명세서의 법적인 방향을 고려해 볼 때, 다른 항목들을 수용하는 정도에 대해서도 생각해 볼 수 있다. 예를 들면 서술자를 나서지 않게 하는 것과 관련된 6번은, 스탕달에서 아라공에 이르는 노선의 모든 작가들에게 전혀 적절해 보이지 않는다. 이들 각각에서 사실주의 태도는 작가의 개입·해학·놀이, 간단히 말해 '관대한 독자'(스탕달)에게 적용된 독서 약정을 금하지 않는다. 아라공조차 《성주간》의 서문에서 이러한 생각을 옹호했다.

내가 여기에 도입했던 작가의 개입에 관한 한, 사회주의적 사실주의 유형을 금지하는 텍스트를——권한이 부여된 인물에 근원을 둔——나는 알지 못한다. 스탕달에게서 이것을 금지시키고자 했던 이는 바로 발자크이다. 그러나 스탕달의 사실주의는 이 점에 만족했다. 프랑스의 사회주의적 사실주의의 기원에서, 내가 발자크 쪽보다 스탕달 쪽인 것을 누구나 알고 있다.

그러므로 어떤 항목이 존중된다면, 다른 항목을 위반했다고 계약의 정신을 문제삼지 않는다는 것이 쉽게 인정될 터이다. 이 계약 조건 명세서에 비추어 볼 때, 자주 주장되는 것과는 달리 실질적인 사실주의 텍스트가 무엇인지를 알 수 있다. 다음의 세 가지 항목에서 이 텍스트의 중요한 법칙을 찾아볼 수 있다. 동기 부여, 일관성, 발화 행위의 문제.

ㄹ
유연성

자의성과 유연성

사실주의 텍스트의 중요한 목적, 즉 수용자의 신뢰를 이끌어 내는 방식에 대해 다시 살펴볼 필요가 있다. 책에 의해 재현된 세계를 믿게 하는 것, 이러한 재현을 만들어 낸 사람(이 경우에는 소설가)의 권위를 믿게 하는 것, 이 신뢰가 다른 신뢰를 불러들이는 것에 관한 것이다. 사실주의 텍스트는 이러한 집단적인 동의를 전제하며, 이 집단적인 동의로 인해 19세기 동안 문학 대중을 계획적이고 실질적으로 확장시키는 일이 쉬워졌다. 이러한 목적에 도달하기 위해 소설가는 과도한 허구, 사실임직하지 않음, 의심이 끼어들 수 있는 또 다른 틈들과 같이 신뢰도를 떨어뜨릴 수 있는 모든 것을 제거하거나 감소시키는 일에 관심을 쏟게 된다. 특히 소설가는 최대한으로 재현의 동기를 부여하려고 애쓰게 된다.

언어학에서 자의성의 개념은, 이러저러한 소기가 이러저러한 능기와 연결되는 그런 관계가 사물의 성질에 들어 있지 않다는 점을 강조한다. 즉 소기와 능기의 관계는 자의적이거나 또는 더욱 정확하게는 무동기적임을 강조한다. 이야기에 적용된 자의성의 개념은 소설의 기호들, 즉 다른 기호들 중에서 인물·공간·시간의 기호들은 특별한 종류에 속한다는 차이는 있지만 이러한 의미를 간직한다. 이러한 자의성은 평범한 의문문의 형태로 만들어져 거의 이렇게 질문할 수 있게 할 것이다. 《적과 흑》의 주인공 이름이 어떻게 해서 쥘리앵 소렐이 되었고, 베리에르의 작은 마을에서 살고 있는지, 왜 눈은 검고 커다란지, 또한 어떻게 레날 부인 집의 가정교사가 되었고, 또 레날 부인은 그의 비천한 출신에도 불구하고 바로 그의 아름다움에 사로잡히게 되는가? 스탕달의 소설은 분명히 이야기된 사건들을 정당화하면서, 이러한 질문들이 독자의 마음에 일어나지 않도록 한다.

그것이 전부가 아니다. 소설의 기호들은 소쉬르의 연상 체계와 통합 체계의 연대성이라는 것에 의해 언어의 기호들의 영상과 연결되어 있다. 이와 같이 해서 베리에르의 작은 마을은 스탕달의 소설에서 분리된 기호가 아니다. 즉 이 작은 마을은 주인공의 행보에 따라 배치된 다른 장소들(브장송·파리·스트라스부르)과 연결되어 있다. 마찬가지로 레날 부인은 마틸드 드 라 몰과 범열적인 경합의 관계에 있게 된다. 이러한 '자의성의 제한'(소쉬르)이라는 장치는 모든 영역에서 사실주의적 이야기를 이끌어 간다. 인물의 이름을 지어야 하고, 육체를 부여하고, 성격·직업을 부여해야 하는 일, 공간과 지형학을 성립하는 일, 시작·중간·끝에 따라 시간과 플롯을 세우는 일을 이끌어 간다.

사실적인 첫문장

 사실주의 텍스트의 첫문장은, 성립되기 위해서 전시대의 작가들이 포기하지 않았던 모든 것을 투시하는 일과 같은, 서술자에게 고백하는 인물, 되찾은 원본, 잘 정비되어 있는 다른 우연들과 같은 인위적인 일을 혐오한다. 허구의 부분을 잠재우고 재현의 현장성을 보장하는 것과 같은, 이야기 도처에 나타나는 이런 이중의 고려는 특히 시작의 순간에 증명된다. 시작을 '자연스럽게' 하고자 하는 것이 관건으로, 사실주의 시대의 소설가들은 어떤 해결책들을 찾아야 했다. 이야기가 단순히 어떤 계속성, '삶'의 계속성에서 온 것처럼 보이기 위해 일상적인 전개, 즉 평범한 일상[20]에서 소설이 전개된다는 것을 내세우기 위해, 공통적으로 세상에 '항상-이미-거기에' 있는 것으로 해결책을 찾아야 했다. 첫문장의 예들을 보도록 하자.
 ──특히 공쿠르 형제들의 작품에서 많이 쓰이는 것처럼 첫머리는 대화체로 시작된다. 이런 대화체의 시작은 발화 행위를 갑자기 드러내게 하거나, 더 나쁘게는 합리화시키게 될 서두를 사용한다. 대화와 장면은 서술의 시작을 애매하게 만들어 놓는다. 이들은 또한 일종의 현장성을 이용하는데, 직접화법은 말의 가장 성실한 재생 형태로 간주된다.
 ──이야기의 시작은, 이야기와 잇닿아 있는 경계 영역인 부차적 텍스트[21]에서 끌어온 것처럼 이전의 것, 진행중인 동작과 상태를 언급한다. 《보바리 부인》의 첫문장은 이 경우를 잘 보

여 주고 있다. "교장선생님이 들어왔을 때, 우리들은 공부하고 있었다······." 이 문장에서 반과거는 어떤 지속의 두께를 가지고 있고, 그 위에서 바로 샤를 보바리라는, '신입생'의 도착이라는 첫번째 사건이 분리된다.

──본론으로 들어갈 때, 자주 이런 시작을 당연시하게 만드는 주변 상황을 불러모은다. 예를 들어 장소의 실제 이름들은 단번에 이야기를 사실의 영역으로 진입시키고, 환유적인 효과로, 관계 인물부터 시작해서 이야기의 다른 구성 요인들에 진실성을 전가시킨다. 말해진 것의 권위와 마찬가지로 현실과 똑같은 지형도에 의해, 언표를 진정한 것으로 만드는 이런 분명한 방법은 발자크가 좋아한 첫문장의 날짜에서도 볼 수 있다. 예를 들어 《금지》의 첫머리는 이렇게 시작된다. "1828년 새벽 1시경에, 두 사람이 엘리제부르봉 가까이에 있는, 생토노레 교외 지역에 있는 어떤 저택에서 나왔다······."

──사실이 아닌 허구적인 주변 상황을 통해서도 정당성의 효과는 똑같이 얻어진다. "제르베즈는 새벽 2시까지 랑티에를 기다리고 있었다." 《목로주점》의 첫문장은 지속(대과거가 만들어 낸 지속)을 전제하고 있는 것 외에도, 우리가 이들을 이미 알고 있었던 것 같다는 느낌을 가지게 하면서 인물들과 친밀한 관계를 맺게 한다.

──특히 묘사가 완전한 '단장'으로 자유로워진다면 서론으로 쓰일 수 있다. 《적과 흑》의 첫번째 페이지에서 베리에르를 보는 어떤 허구의 '여행자'처럼 시점은 익명의 시점으로 나타날 수 있다. 그러나 《제르미날》에서처럼 이야기의 인물이 시

점을 제공할 수도 있다. 《제르미날》에서 처음의 묘사는 걸어 가고 있는 어떤 인물(에티엔 랑티에)이 동기를 제공한다. 이 인물 주변에서 차례차례 광산의 풍경이 그려지고, 은퇴한 광부였던 본모르를 만나면서 인물에 대한 정보와 동시에 독자에게 필요한 정보가 때맞추어 나온다. 이야기뿐만 아니라 기록(이 경우 광산에 관한)이 작가에 의해 텍스트에 놓여진다.

묘사의 시나리오

외형적인 사실주의 텍스트의 특징을 장소의 어휘로 나타내야 한다면, 적어도 묘사라는 또 다른 뛰어난 장소가 있다. 묘사에서 동기 부여의 작업은 작가마다 다른 어려움이기 때문이다. 장 리카르두는 묘사란 '이야기를 매몰시키는 기계'라고 말했다. 이러한 상황에서, 세상에 대한 어떤 지식을 전달하기를 원하는 작가가 계획상 꼭 필요한 묘사를, 이야기의 흐름을 최소한으로 방해하면서 끼워넣는 방법은 무엇인가? 필리프 아몽은 몇몇 사실주의-자연주의 텍스트가 서술에서 묘사로 자연스럽게 가게 하고, 당연하다고 느끼게 만드는 역할을 하는[20] 서술 중에 묘사를 끼워넣기 위해 사용한 주된 방법들을 설명했다.

첫번째 각본은, 일반적으로 시각을 통해 사실주의 소설에 세상에 대한 묘사를 자연스레 끌어들이는 도식이다. 아몽은 '시선-서술자(regard-descripteur)'라고 명명한다. 이 시선을 통해,

묘사가 자연스레 그 인물에게서 나온 것처럼 여러 상황(시각적·공간적·심리적)을 묘사하는 어떤 인물-증인이 시점을 책임진다. 바로 거기에 증인, 호기심 많은 이들, 한가한 산보객들, 이야기의 공간과 시간이 이들에 따라 조정되는 주시자들과 같은 '시각을 대변하는(porte-regards)' 인물들이 많이 나온다. 《목로주점》의 첫머리에, 창가에 기댄 제르베즈는 자신의 시점을 통해 '잠에서 깨어나는 파리의 굉장한 모습'이라는 주제(공간적-시간적)에 대한 설명을 완수한다. 마찬가지로 《인간 야수》가 시작될 때, 루보의 시선을 통해 생라자르 역의 전경이 펼쳐진다.

'수다쟁이-서술자(bavard-descripteur)'도 묘사의 역량을 가진다. 이 인물은 자신의 상황이나 자신의 존재에 따라서, 모르거나 아직 경험이 없는 다른 인물에게 그가 가지고 있지 않은 지식을 전달하기에 알맞은 대변자 인물이다. 이런 식의 서술은 대화 상황에서 일어나는데, 특히 졸라의 작품에서 그 예들을 많이 찾아볼 수 있다. 《제르미날》은 에티엔 랑티에의 첫번째 만남, 즉 본모르를 만나는 순간부터 '말로 된'(마외, 카트린과 다른 광부들이 나눈) 서술의 형태인 주고받기를 통해 그의 교육이 진행되는 방식을 충분히 보여 주리라 본다. 이렇게 전달된 지식은 인물의 알고 싶은 욕구에서 시작된 것인 만큼 더욱 자연스러운 서술이 된다.

세번째 각본은 시각이나 말에서 나온 것이 아닌 행위의 체계, 직업의 체계라고도 할 수 있는 세계에 속한다. '작업하는 사람-서술자(travailleur-descripteur)'의 테마는 묘사가 서술로 변화되면서 서술적인 시간 속으로 들어가도록 한다. 기술 또는 공예에 관한 지식은 사용 방법을 가르쳐 주는 일련의 행동과 제스처 속에서 연출된다. 이 장면들은 자신의 분야에서 일하는 사람, 작업중인 광부, 기계를 손질하는 기관사 등을 우리들에게 보여 준다. 그 결과로 기술적인 행위들과 도구들의 나열, 기계 부품들의 쇠락, 또는 작업 장소의 쇠락은 정해진 프로그램에 따른다. 묘사는 이 프로그램이 끝나면 '자연스레' 닫혀진다.

3
일관성

 믿을 만하고 확신을 줄 수 있기 위해서, 사실주의 텍스트는 일관성이라는 또 다른 특질을 발전시킨다. 이 말의 첫번째 의미는 '함께 붙어 있는(co-hérent)'이라는 말 자체가 의미하듯이, 즉 여러 다른 부분들이나 구성 요소들이 강한 의존 관계와 상관 관계에 있는 텍스트라는 특성을 잘 드러나게 하는 데 가장 적절하다.

텍스트의 논리

 문장 차원이 아니라 텍스트 차원(여러 문장과 시퀀스가 모인 것)의 텍스트 문법은, 어떤 텍스트가 중요한 법칙들인 여러 개의 조건들을 완수할 경우, 잘된 텍스트라는 것을 보여 준다. 글로 된 생산물 중에서 가장 거대한 다수인 사실주의 텍스트는 이러한 조건들을 충족시킨다. 사실주의 텍스트가 이들 조건들을 충족시킬 수 있는 아주 훌륭한 이유들이 있다는 것을 단언할 수 있다.

반복(répétition)의 법칙에 대해 이야기해 보자. 이 반복의 법칙은 텍스트가 전개되는 과정에서 어떤 반복적인 요소들을 요구한다. 즉 이런 요소들로 정보의 연계, 이야기의 진행상에서 전후의 연결이 설명된다. 묘사가 서로 조응할 때, 이 역할을 완수할 수 있다. 《사랑의 한 페이지》에서 파리를 연속적으로 묘사한 장면들, 《제르미날》에서 광산 풍경을 묘사한 장면, 이 소설에서(《제르미날》뿐만 아니라 《루공 가의 운명》에서도) 시작과 끝의 묘사가 틀의 강력한 효과를 야기시킨 점을 생각해 볼 수 있을 것이다.

또 다른 예를 보도록 하자. **비모순**(non-contradiction)의 법칙은 텍스트 전개시, 앞에 일어난 것과 불일치하는 어떤 요인들도 끌어들이지 않을 것을 요구한다. 불일치의 위험을 감수할 수 없는 사실임직함의 미학을 내세우는 한에서 당연한 일이다. 후기 낭만주의 소설은, 내용에서 뿐만 아니라 형태에서도 이 법칙을 아주 깊이 있게 밀고 나갔다. 소설가는 전통적으로 뜻밖의 사건·위기·돌발 사태들로 이루어진 소설 양식들을 믿지 않고, 《보바리 부인》의 구성처럼 일반화되고 단순한 구성들을 선호했다. 마찬가지로 플로베르·졸라·모파상이 사용한 것처럼, 이야기의 서술자가 3인칭 인물로 나타나는 자동 감시(autosurveillance)가 이해될 수 있을 것이다. 이야기 속에서 서술자가 드러난다면, 선택된 언술 체계와 '사실주의'의 유명한 비개인성(impersonnalité)을 문제삼을 수 있는 부조화가 생길 수 있을 것이다.

일관성을 내세우는 자는 이야기의 일관성을 의미한다. 서술 프로그램의 형식을 통해 이야기의 내면적인 논리를 이끌어 내기를 원한다면, 이야기의 일관성은 기호학의 의미에서 이해될 수 있다. 예를 들어 《제르미날》에서, 네 개의 규범적인 단계로 구분된 그레마스의 도식을 쉽게 확인할 수 있다. 첫단계인 서술 장치를 가동시키는 조작 단계는, 아직 소설의 주인공이 아닌 인물에게서 행동하고자 하는 욕망을 불러일으킨 이야기 첫 장면인 광산촌과 그곳의 불의에 대한 최초의 끔찍한 접촉에서부터 시작된다. 다음 단계는, 주인공이 바로 그런 욕망을 실현시킬 수 있는 자격을 얻게 되는 단계로 가장 긴 부분이다. 이 단계는 여러 종류의 시험을 거쳐 에티엔이 수련되는 전과정을 말한다. 환경 적응과 수용을 위한 시험(채용됨, 탄광으로 내려감), 지성과 윤리 그리고 정서 교육까지, 이 모든 것을 위한 시험 과정이다. 이 기간이 끝날 즈음, 주인공은 노동자들을 움직여 항거로 이끌어 갈 수 있는 자격이 부여된다. 세번째, 완수의 단계는 변화를 야기한다는 점에서 중추적인 국면으로 당연히 기존 체계, 즉 부정한 사회 체계를 변화시키려는 계획인 파업에서 분명히 실현된다. 소설의 리듬을 고려한 차원에서, 이 국면은 또한 이야기의 정점을 이루고 있다. 마지막 단계의 이야기는, 변화된 상태를 성공이나 실패라는 말로 평가하는 단계인 승인의 단계로 간다. 물론 파업은 실패하고 작업이 다시 시작된다는 것을 알고 있다. 개인적인 차원의 플롯은, 에티엔이 결정적으로 카트린을 잃게 된다는 점에서 역시 실패로 끝난다. 이런 실패에도 불구하고, 마지막 장면에는 주인공이 사회 공간을 변화시키는 일에 기여했다는 것을 생각케

하는 여운이 남겨진다.

　기호학적인 형식이 어떤 사실주의 걸작에 적용되더라도 이 형식이 작품에 적합하다는 뜻은 아니다. 이 점은 특히 졸라가 이야기의 장치에 대해, 아마도 직관적으로 깊이 인식하고 있다는 것을 증명해 준다. 더욱 폭넓게, 졸라는 같은 시대의 다른 소설가들과 함께 소설의 수사학이라고 할 수 있는 것에 대해 분명히 인식을 함께 하고 있었다.

수사학

　앞에서 보았듯이 설득이기도 한 사실주의 담론에 수사학을 결합시키면서, 몇몇 사실주의 담론은 '배치(dispositio)' 또는 웅변가의 뛰어난 논쟁 기법이라고 했던 예전의 수사학의 어떤 의미를 되찾았다. 사실주의 소설가들은 그들의 선임자들보다 더욱 분명하게 소설의 테두리 안에서 이러한 규범을 실행했다. 설득과 수사학이라는 이 두 특징을 완전히 통합시키지 말아야 함에도 불구하고 이들의 텍스트는 계산되고 구성된, 그리고 계획화된 텍스트로 나타난다. 사실주의 텍스트가 대부분 구성된 텍스트이나 반드시 계획화된 것은 아니다. 플로베르나 졸라와 같은 작가가 기획과 각본에 크게 관심을 쏟은 반면, 스탕달 같은 이는 이런 것들을 싫어했다. ("계획을 세운다는 것은 나에게 끔찍한 일이다"라고 《뤼시앵 뢰뱅》의 여백에 쓰여 있다.) 그 다음 세기에 아라공도 이미 예정된 계획에 따라 쓸 수 없음을 말하지만, 이 말이 구성의 결핍을 의미하는 것은 아니다. "나에게 있어 적어도, 사실주의는 곧 이야기의 일관성"이라며 옹호하고 있다. ("나는 쓰는 법, 즉 첫머리 쓰는 법을 결코 배운 적이 없다.")

간단히 말하자면, 건축가의 계보와 즉흥시인의 계보간의 차이와 같은 이 두 계보의 차이는, 특히 전자 집단의 일관성이 확고하다는 사실에 있을 것이다. 사람들은 구성에 관한 한 플로베르와 졸라·모파상 같은 작가들의 장점에 대해서는 언제나 일치할 것이다. 이들의 사실주의에서 이 부분은 이론의 여지가 없다. 분명히 이들의 관점, 이들의 '가혹한 분석'(그렇게 말해 왔듯이)에 대해 비난할 수 있으나, 제작 방식을 공격하기는 어려울 것이다. 바로 거기에서 그 시대 비평가들이 비도덕적인 내용에도 불구하고, 극히 엄격한 형식을 빌려 쓴 텍스트를 대할 때 난감한 상황을 짐작할 수 있다. 바로 그런 상황이 《보바리 부인》에게 제기된 소송에서 나타난다. 졸라의 경우, 그의 탁월한 소설 구성을 인정하지 않을 수 없음에도, 비평가들이 그를 부지런한 석공으로 표현하면서 오랫동안 비웃었다는 것만 보아도 충분히 설명된다. 이런 불공평한 모습을 최근의 비평가들이 수정했다는 것은 다행한 일이다.

《루공 마카르》 총서의 작가의 건축적인 형식은 사실상 인정되고 있다. 균형 법칙에 대한 지식, 리듬, 수, 비율에 대한 감각도 함께 인정되고 있다. 결국 건축적인 형식이 수사학적인 형식과 결합하고 있다. 대부분의 졸라 소설은 웅변의 리듬인 상승 국면(도입부), 중추부(균형이나 위기), 그리고 대체로 불행한 전개로 가는 하강 국면(결과)에 따라 구상되어진 것 같다. 보통은 초안 텍스트와 상세한 계획안의 단계에서부터, 어떤 것을 의미하기 위해 리듬을 고려해 소설을 장으로 나누는 것이 구상되고 있다. 이와 같이 처음《목로주점》은 21장으로 구상되었으나, 실제로 축이 되는 7장에서 제르베즈의 이야기를 뚜렷이 부각시키기 위해, 두번째 구상에서는 13장으로 다시 고쳐졌다.

'배치'의 단계를 떠나 문체의 문제인 '**화술**'(elocutio, 또는 말로 된 텍스트)의 단계를 보도록 하자. 사실주의 텍스트라는 것이 있는가? 로만 야콥슨은 한 주제가 유사성(은유)으로, 또는 인접성(환유)으로 다른 주제에 이르는, 담론의 두 가지 전개 가능성인 '은유와 환유의 두 극'을 대립시키면서 사실주의 텍스트의 존재에 대해 답하고자 한다. 시(특히 낭만주의와 상징주의 시)가 은유에 지배된다면, 산문——특히 '사실주의적인'——은 환유적인 과정에 의해 지배된다. 은유의 사용이 뚜렷이 금지되지 않는 채 소설가가 사용하는 이러한 '주요소'는, 대체로 텍스트의 의미론적-문체론적 기능을 특수화한다.

> 인접 관계 방식에 따라 사실주의 작가는, 플롯에서 배경에 이르기까지 인물들에서 공간과 시간의 범주에 이르기까지 환유적인 탈선을 행한다. 사실주의 작가는 제유적인 부분들을 선호하는 사람이다.[23]

이러한 관찰은 특수한 면뿐만 아니라 총괄적인 면에서 사실주의 텍스트를 이해할 수 있다는 데에 설득력이 있다. 이러한 관찰은 플롯의 형태, 인물의 존재 양식, 인물과 시간·공간·사물간의 관계를 인지하는 의미론적인 기능에 관련되기 때문에 텍스트를 전체적인 차원에서 본 것이라 할 수 있다.

네가 사는 곳이 어떤지 보여다오. 그러면 네가 어떤 사람인지 말해 줄 수 있다. 품성·반응·정신 상태들을 분리시키는 제유들에 의해 조각난, 환유적 환경의 주인공의 존재 방식이 우리들에게 제시된다. 우리는 그가 좋아하는 것이 무엇이며, 무엇으로 그가 결정되는지, 그의 운명이 어떨지를 알게 된다. 그러나 그를 주인공으로 만드는, 즉 그의 행동에 대해 우리들은 알 수 없다. 행동은 지형학 뒤로 사라진다.[24]

예를 들어 방황(역사적·공간적·심리학적)이라는 주제를 다룰 때, 그리고 이야기 속에서처럼 배경 속으로 묻혀 버리는 수동적 주인공인 프레데릭 모로를 그릴 때, 환유적인 원칙이 사용되는 플로베르의 《감정 교육》에서 이러한 특성들이 아주 잘 적용될 수 있을 것이다.

이 환유-제유의 원칙으로 텍스트의 특수성이 가려지지는 않는다. 반대로 이 원칙은 보기에 가장 하찮은 개별적인 것, 세부적인 것을 설명을 통해 재건시킨다. 이 점은 사실주의 시학의 중요한 항목으로, 발자크 이래 모든 작가들이 집착을 보였던 부분이다. '하찮은 사실,' 세부 사항-지표, 전혀 혐의를 두지 않는 구성 요소인 것이다. 《안나 카레니나》의 마지막 장면에서, 톨스토이는 자살하는 여주인공의 손가방을 중요하게 묘사한다. 플로베르의 세부 묘사는, 특히 윤곽뿐만 아니라 마무리 손질을 주는 단락의 단계에서, 구두점을 찍는 것과 같은 원칙에서 이루어진 것 같다.

묘 사

지금까지 우리들에게 사실주의 텍스트의 일관성은 특히 연사적인 각도에서 보여졌다. 묘사는 이런 일관성의 효과를 계열적인 각도에서 경험하게 해준다. 사실상 묘사는 이러저러한 대상-주제(장소·거주지·인물 등)와 대체로 술어로 수식되는 하부-주제(장소·거주지·인물의 일부)로 나누어지는 체제로 별문제 없이 제시된다. 하부-주제와 술어로 된 총목록은 늘어날 수 있기 때문에 묘사는 분류학·리스트·어휘 목록·백과사전을 필히 전제한다. 이와 같이 우리들의 관심은 모방적인 것과는 다른 제약들, 그러므로 소설에서 묘사된 샤를 보바리의 학생모, 엠마의 결혼식날의 데코레이션 케이크, 또는 《부인들의 행복 백화점》에서 보이는 졸라의 백화점 진열대와 같은 사물들을 존재케 하는 글쓰기의 제약들에 쏠린다.

졸라의 《나나》의 묘사들을 예로 들어 보자.

클라리스와 시몬의 방은 복도 끝에 있는 길다란 지붕 밑 방으로, 한쪽 벽은 모서리를 막아 놓은 것이고 다른 벽에서는 물이 새는 아주 형편없는 방이었다. 위에 높다랗게 뚫린 창문에서부터 햇빛이 들어왔었다. 그러나 그날 밤은, 초록색 철망을 올라가는 장미꽃들이 그려진 두루마리당 7수짜리 싸구려 벽지를 바른 방에 가스등 불빛이 비춰지고 있었다. 물이 튀어 꺼매진 판자를 두 개 붙여서 방수포를 달아 욕실로 쓰고 있었다. 판자 아래에는 우그러진 양철 물병 하나, 개숫물이 담긴 양동이, 커다란 노란 항아리가 여기저기 놓여 있었다. 거기에는 오래 돼서 찌그러지고 더러워진 싸구려 물건들이, 떨어져 나간 대야, 이빠진 뿔빗들이 여기저기 흩어져 있었고, 바삐 서두르느라 거침없이 옷을 벗어던지고 나서, 같이 씻고 나간 두 여자들 뒤에 남겨진 모든 것에서, 잠깐씩만 들르기 때문에 더러워도 상관없는 장소에서 볼 수 있는 무질서한 모습이 그대로 드러나 있었다.

이 묘사는 특별히 잘된 것은 아니며, 졸라의 작품에서 더 훌륭한 묘사들을 찾아볼 수 있을 것이다. 의미들은 상황에 의해 결정난다. 즉 이때는 뮈파 백작이 여배우들의 방문턱에 멈춰 선 때에 관한 것이다. 덕망 있는 귀족에 의해 자신에게는 너무나 낯선 어떤 공간의 내부가 처음 들여다보여진 풍경이다. 여기서 텍스트는, 발견이라는 행동을 내세우면서 환유의 체계를 따라간다. 여기서 언급된 다른 사물들은 서로 인접 관계 속에 놓여진다. 이해를 돕기 위해 전체의 형식을 도표로 설명하고자 한다.

주제-제목 : 방	
주 제	술 어
클라리스의 방 방 장소	복도 끝 길다란, 지붕 밑, 형편없는 잠깐씩만 들르는
하부-주제	
a/조명 햇빛 가스등	 위에……들어왔었다. 방에 비춰지고 있었다.
b/태피스트리 벽지	 두루마리당 7수짜리, 장미꽃
c/가구 두 개의 판자	 욕실로 쓰고 있었다……방수포를 단
d/물건들 양철 물병 양동이 항아리 대야 뿔빗 모든 것(바삐 서두르느라 거침없이……)	 우그러진 개숫물이 담긴 커다란 노란 떨어져 나간 이빠진 무질서한 모습이 드러나 있었다.

묘사가 자신의 구성 요소들을 확산시키고, 계층·칸·표 속으로 배치하는 경향이 있다는 것을 알 수 있다. 묘사가 형태상으로 닫혀 있을지라도(단락 끝에 '모든 것'이라는 요약적인

표현이 나타나는 것에 유의해야 할 것이다), 철저히 완벽하다는 느낌을 주지는 못한다. 당연히 모두가 설명된 것은 아니나, 전체는 분명히 어떤 응집력을 보여 준다. 눈에 보이는 순서대로 이어지고 공간상에서 추정할 수 있는 인접 관계 순으로 이어지는 대상들간에, 게다가 대체로 일반적인 것에서부터 시작해 개별적인 것으로 가는 대상들간에 응집력이 있다. 그 장소의 추함과 낯설음에 충격받은 뮈파 백작 같은 문외한의 시각을 드러내기 위해 선택된 술어들에도 응집력이 보인다. 이 점은 현실을 배치하는 체계 중에서 작가도 아니고 서술자도 아닌, 인물의 표현과 감정(역사적 그리고 사회적인 위치를 가진 인물의)을 가장 중요시해야 한다는 것을 의미한다.

공간-인물간의 상관 관계도 사실주의 글쓰기의 특징인 응집력을 아주 잘 보여 주는 경우이다. 인물과 거주지가 서로를 상기시키는, 발자크의 보퀘르 기숙학교도 좋은 예이다. 졸라의 이 장면에서 관계는 내포보다 오히려 배제 관계이며, 여전히 이미 앞에서 보았던 환유 원칙에 지배받는다. 뮈파가 조금씩 인 것 같지만 차례차례 알게 되는 서로 연관된 연극의 다른 부분들처럼, 인물은 장소와 연관 관계 속에 있다. 졸라의 묘사는 연극의 세계에 대해 전혀 모르는 이 인물이 어떻게 이 공간의 일부가 되어가는지 보여 준다. 졸라의 묘사는 또한 졸라의 의미에서 하나의 '세계,' 즉 자신의 법칙 · 의식 · 인물 · 자신만의 고유한 분위기를 갖는 사회적 공간의 일부(제유적 표현)일 뿐인 이 방을 그가 곧 뻔질나게 드나들 것인지를 말해 준다. 치명적인 나나의 매력이 뮈파를 파멸시키는 곳이기도 하다. 이처럼 묘사는 외관을 말한 것임에도 불구하고 이야기를 이끌어 나간다. 묘사에 참여하는 인물의 최초의 일별과 만남으로 그 인물은 결정적으로 그 공간에 참여하게 된다. 《나나》는 여기서, 즉 공간을 바꾸고 위반하는 데서 시작되는 추락의 이야기이다.

종 결

표준형의 사실주의 텍스트는, 상당히 분명하게 현실 세계만큼이나 사실이고 근거 있는 재현을 원하는 예술가에게 꼭 필요한 이데올로기인 종결의 이데올로기라는 성격을 띠고 있다. 사실과 전체성간의 방정식, 즉 사실을 그리는 것은 전부를 그리는 것이라는 등식이 저절로 성립되고 있다. 플로베르의 "자신의 문체의 내적인 힘으로 장악하게 될…… 주제가 없는 책"이라는 말은, 자신의 이상과 함께 이 말을 자신의 방식대로 되찾으며 뒤집어 놓은 것이다. 플로베르는 '장악하게 될'이라는 말을 분명히 하는데, 이 말은 '일관성'이라는 첫번째 의미가 '함께 붙어 있음'인 것같이 책의 닫혀 있는 전체성과 관련되어 있다. 이런 관점에서 이해되는 사실주의 텍스트는 이 시대의 미학들과 분명히 구분된다. 중첩적인 구조들, 그러므로 열린 구조들을 우선시하고 자의적인 결말을 즐기는 18세기의 소설들(프레보 데그질의 《어떤 귀인의 회상록》같은 유형)과는 분명히 구분된다. 그리고 더 나은 종결에도 불구하고, 낭만적인 열정의 미완성과 관련되는 것처럼 미완적인 결말을 계속 제시하는 낭만주의 작품들(샤토브리앙의 《르네》, 또는 스탈 부인의 《코린》처럼)과도 또한 다르다.

끝내기

사실주의 텍스트를 닫힌 텍스트라고 특징짓는다는 것은, 이 텍스트가 어떤 결말을 필요로 한다는 사실을 주장하는 것과 같다. 끝이라는 말은 세 가지 방식으로 이해될 수 있다. 첫째 마침표(le point final)·끝맺음, 둘째 끝내기(la finition; 하나의 대상이 정말 '끝났다'는 의미에서), 셋째 궁극성(la finalité). '끝'의 이 세 가지 의미는 분명히 수많은 결말에서 사용된다. 이야기가 죽음으로 끝나는 경우를 한 번 보도록 하자. 죽음은 이야기를 자연스럽게 중단시킬 뿐 아니라, 이야기된 것에 구성상의 완결과 인물의 존재를 숙명처럼 명하고자 하는 경향을 보장해 준다. 사형으로 끝나는 쥘리앵 소렐·뤼시앵 드 뤼방프레의 끝, 사촌 퐁스의 끝, 엠마 보바리의 자살, 《루공 마카르》 총서의 죽음으로 끝나는 수많은 경우들을 생각해 볼 수 있다. 이런 육체적인 죽음들 외에도 비유적인 죽음들, 《잃어버린 환상》의 발자크식의 주제와 같은, 플로베르(《감정 교육》의 종합 결산의 형태인 마지막 장을 볼 것)와 모파상(특히 《여자의 일생》에서)에 의해서도 그려진, 모든 방식으로 나타난 저절로 죽어가는 경우를 덧붙이고 싶을 것이다.

대체로 끝내기, 완벽함을 원하는 것은 결말 부분만이 아니라 바로 텍스트 전체이다. 예를 들어 특히 시작과 끝이 구성하는 틀과 같은, 틀 속에 기꺼이 표현되고자 한다. 《제르미날》의 끝절은 첫머리와 연결된다. (여기서 성장의 은유를 완성하고 있는 마지막 장면은 제목을 반추하기까지 한다.) 그보다는 덜하지만 마지막의 장례 행렬이 처음의 결혼 행렬과 연결되는 《보바리 부인》의 경우도 있다. 사실주의 텍스트는 완성된, 구분된 단일성, 특히 전기적인 단일성을 우선한다. 이 점에 관해 모파상의 소설 제목 《여자의 일생》(1883)은 일종의 유형을 명확히 보여 준다. 소설은 시간적이고 전기적인 거리를 모두 포함한다. 여주인공 잔이 태어나고 죽는 것은 표현되지 않으나, 시작 부분에서 언급된 기숙학교를 나오는 장면은 탄생, 새로운 탄생처럼 읽혀지도록 제시된다. 소설 끝에, 그녀가 가족 재산을 빼앗기는 일은 일종의 죽음으로 읽을 수 있다.

그렇지만 끝내기와 완벽함을 무척 고려한 이 텍스트는 동시에 현실과 다시 만나고, 텍스트와 인접된 부차적 텍스트에서 시작되기를 원한다. 다르게 말하자면, 사실주의 텍스트는 같은 동작으로 끝내기와 동시에 열기를 희망한다. 모순과도 같은 이 점을 해결하기 위해 책의 끝이 정지로 나타나지 않도록 해야 하며, 그 끝이 독자에게서 미래에 대한 기대를 불러일으켜야 한다.

열기

독자의 세계로 들어가는 이런 통로를 어떻게 완성할까? 종

말의 사건이 끝이라는 임무를 완수할지라도(죽음·이별·실패의 경우에서처럼) 관심을 전적으로 이끌어 내지 못하고, 의미를 전적으로 통제하지 못하는 열린 결말을 제시하면서 이런 일은 가능한가. 이 종말의 사건 옆에서, 행동이 아니면 적어도 가장 중요한 주제어를 쓰기 위해서라도 계속되어지는 '삶'을 다른 사실들이 맡아 이야기한다. 라셰즈 영감의 묘지 언덕에서, 라스티냐크가 파리를 향해 도전적으로 "이제 우리 둘이서 붙어 보자"라고 절규하는 《고리오 영감》의 끝이 이 점을 아주 의미 있게 보여 준다. 이런 끝은, 닫힘의 순간이란 필히 다시 시작될 수 있고 절망에 빠진 젊은 야심들이 다른 형태로 다시 일어난다는 것을 알려 준다는 점에서, 발자크의 원동력을 잘 보여 주고 있다. 《루공 마카르》 총서의 역동적인 출발의 법칙들도 언급할 필요가 있다. 여기서는 길을 가고 있는 인물들(《제르미날》에서의 에티엔 랑티에, 《대지》에서의 장), 또는 현대의 문제를 상징하는 교통 수단(《걸작》 또는 《인간 야수》의 끝에 나오는 기관차)이 중요하게 언급된다. 졸라에게서 이러한 통로는, 자신의 경계로 불러 오기 위해 텍스트가 사용되는 것과 마찬가지로 이야기를 이끌어 나갈 때도 쓰이는데, 이런 이야기의 중함·위급함은 사사로운 주변들을 최소화하는 효과가 있다. 이런 경우로 《나나》·《인간 야수》·《대지》들의 끝부분과, 《패주》 전체를 언급해야 할 것이다. 이들 텍스트 모두가 전쟁의 형태를 취하면서 이야기의 긴급성을 포함하고 있기 때문이다.

　이런 각본 외에, 계속되는 삶에서 단순한 멈춤으로 나타나는 강조되지 않은 결말을 살펴보아야 할 것이다. 결말은 어떤 무관심을 표방하며 아주 특이한 것을 피한다. 엠마 뒤에도 살아남는 것은 용빌이고, '십자 훈장을 최근에 받은 이'는 바로 오메이다.(이 소설의 마지막 국면) 후기 낭만주의 소설은 단순한 결말, '삶처럼 조용하고 어리석은 결말'을 좋아한다. (볼테르의 《캉디드》에 대한 플로베르의 표현이다.) 결말이라는 말 자체는 탈드라마화의 자취를 가진다. 이 말은 평범함으로 그 진가를 드러낸다. 하녀 로잘리에게서 나온 인생이라는 말("인생이란, 아시다시피 결코 생각만큼 그렇게 좋지도 그렇게 나쁘지도 않습니다"), 《감정 교육》의 우스꽝스럽게 향수에 젖은 두 친구들의 인생이라는 말("우리가 가장 좋았을 때가 아마 그때인 것 같아")에서 그 예를 볼 수 있다.

사실주의 계획이 연작 또는 총서의 원칙에 이끌려 이야기를 진행시킨다는 점은 놀랄 일이 아니다. 사실주의 계획은 이 원칙에서 표현의 범위와 일관성을 높이는 방법을 찾아냈다. 이 원칙의 일관성은 단지 텍스트만의 차원이 아니라 텍스트를 넘어가는 차원이었다. '다시 등장하는' 인물들이 있고(발자크), 작품은 집합과 부분 집합으로 나뉜다. 이들 계획은 단번에 풍부함과 복합성의 차원에서 현실과 상대할 수 있는(발자크에 의하면 '호적과 경쟁할 것') 가능성으로 생각되었다. 이것을 위해 작품들은 계급 또는 '종'(발자크가 《황금빛 눈을 가진 소녀》의 서문에서 사용한 말이다), 졸라가 언급하게 될 '세계'로 나뉘어지면서 사회적인 소재의 연역적인 분리에 의존할 수 있게 된다. 사실주의의 척도와 감정은 표현된 것의 범위와 비례한다는 것을 전제한다.

《인간 희극》,《루공 마카르》 총서, 쥘 로맹의 《선의의 사람들》, 아라공의 《현실 세계》는 닫힌 텍스트, 자가 충족되는 텍스트의 어떤 규범들을 다시 문제삼는다. 연작이나 총서 중의 소설들을 순서와 상관 없이 읽는 것이 분명히 금지된 일은 아니다. 그래도 이들 텍스트는 독특한 기능을 가지고 있다. 개별적인 소설에 따른 급반전의 차단, 주어진 서술 프로그램의 완성(《고리오 영감》에서 라스티냐크의 서술 프로그램, '보트랭 연작'의 첫번째 텍스트, 또는 《제르미날》에서 에티엔 랑티에의 서술 프로그램)은 사실상 반드시 주인공은 아닐지라도 다른 모험의 다른 서술 프로그램의 잠재적인 행위자로 언제나 등장시킬 수 있도록, 인물의 존재를 제한하지는 않는다. 닫힘의 문제는 분명히 변화되었다. 결말이 미리 앞에서 이야기되어 있는 연작에서, 독자들에게 적어도 그렇게 해결되어야 한다면, 다른 곳에서 해결될 것이라는 기대치를 가지게 하는 일은 당연히 더 쉬운 일이다. 다른 곳이란 앞에 나온 내용을 연장한 (《화류계 여인의 영화와 몰락》은 《잃어버린 환상》과 《고리오 영감》을 연장한 것처럼) 다른 텍스트에서임을 말한다. 또한 다른 곳이란 사실주의 작품의 정신에도 부합되는, 소설의 수신자인 독자가 일단 끝낸 읽기를 다시 복원시켜야 하는 사실 세계에 속하는, 텍스트와 인접한 부차적 텍스트라는 다른 곳이다. 이 점에 대해 보뢰 광산을 떠나는 에티엔 랑티에는, 책의 마지막 페이지를 넘길 때 한계를 뛰어넘고자 하는 독자의 분신으로 여겨질 수 있을 것이다.

연작이나 총서의 특징은 과도한 일관성이다. 더 많은 요소들이 서로와 관련되고 서로를 정당화시키기 때문에, 사실임직함을 굳건히 보장해 주는 점이 있다. 책에 의해 상기되는, 책의 외부에 있는 현실의 지시 대상 부분이 증가함과 동시에 순전히 텍스트적인 내적인 지시 대상도 증가한다. 이 이중적인 행위는 소설을 실재 세계의 경쟁자로, 진정한 장치로 자리잡게 한다. 재현이 재현 이외의 다른 목적이 전혀 없다면, 닫힌 세계처럼 스스로 작동하기를 바라는 장치라고 생각할 수 있다. 그런데 모방은 우리들의 세계인 현실 세계로 들어가는 통로를 완성하기를 원한다.

4

사실주의의 발화 행위

순수한 이야기라는 이상

사실주의-자연주의 발화 행위의 어떤 유의 특징은 바로 존재하지 않는 척, 또는 차라리 언표에서, 즉 이야기, 책에서 자리를 뜨는 척하는 것이다. 책은 자신의 일관성과 닫힘이라는 특성으로 인해, 자신을 태어나게 했던 행위와 사건과는 무관하게 고유의 삶을 살 수 있게 되는데, 이것이 바로 **발화 행위**에 대한 가장 일반적인 정의이다. 이러한 주장은 객관성·비개인성·초연·중립성이라는 여러 가지의 다른 이름으로 표현된다. 사실주의의 전성 시대에는 객관성, 게다가 또 대상들을 중요시 여겼고, '나'와 나의 감성에 집중되는 표현 기능과 수신자인 '너'에게 집중되는 능동 기능과 같은 언어의 다른 기능을 퇴색시키는 전언의 지시 기능을 중요시 여겼다.

혼자서 말할 수도 있는 책이라는 이상형은 정의상 불가능하다. 사람들이 말할 때, 자리를 뜨는 것은 실제로는 보이지 않게 되는 것을 의미한다. 이 말은 플로베르가 "예술가란 자신의 작품 안에서, 사람들이 그를 어디에서나 느끼지만 보이지는 않는 창조주 신처럼 되어야 한다"라고 쓸 때, 아주 분명하게 설명된 역설과 같다.

독서 약정을 지키면서, 세상에 대한 어떤 지식을 전달하고자 하는 것이 사실주의 계획인 만큼, 또한 시대에 따라 그리고 학파들의 변화되었던 방식들을 따르면서 발화자의 부재는 생각하기 쉽지 않은 일이다. 예를 들어 발자크의 방식들과 졸라의 방식들은 서로 같지 않다. 알다시피 정확한 의미에서 본론으로 들어가는 일을 지체케 하는 인쇄술에 대한 부연 설명으로 시작되는 《잃어버린 환상》처럼, 발자크의 서술자는 어떤 이야기를 끌고 가기 위해 상당히 많은 양의 설명이 될 수 있는 어떤 정보를 제시하기 위해, 곧장 소설의 서술 안으로 끼어든다. 지식의 보고처럼 구상되는 졸라의 체계는 반대로, 적어도 '사실적인 발화 행위의 관리자'로 생각할 수 있는 인물들을 중간에 내세운다. 이 사람들이 정보제공자들이다. 이들을 통해 전문적인 어휘들과 서류, 작가의 노트들이 우리가 앞에서 설명했던 각본들처럼 사전에 준비가 되었던 각본에 따라 텍스트 속에 배치된다. 필리프 아몽이 잘 설명했던 이 세 가지 각본은 바로 지식의 전달 도식[25]이라는 공통된 도식으로 이어진다.

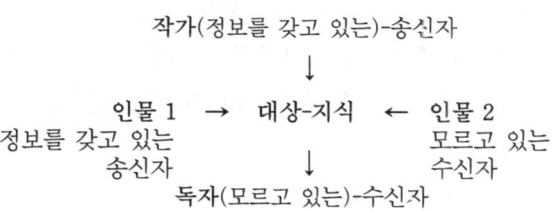

위의 체계는 작가 자신은 빠지면서 대리인을 내세워 '말하게' 한다. 이 체계는 또한 직업들을 결합시키면서 수많은 사람들을 끌어들일 수 있는 유리한 면이 있다. 송신자들로는 모든 형태의 전문가들, 기술자들, 정보제공자들, 토박이들이 있고, 수신자 쪽에는 초심자들, 새로 온 사람들, 호기심 많은 사람들, 침입자들 등이 있다.

사실주의 작가는 자신이 처한 위치에서, 지식의 송신자로서, 글로 된 것(사전·저작물·자료 카드·수첩)만큼이나 말로 된 수많은 출처들에서 끌어온다. 증인들, 정보제공자들, 때로는 진짜 스파이들에 둘러싸인 작가는 민속학자의 모습을 갖추고 있다. 또한 꽤 많다고 보기는 분명히 어렵지만, 진짜 정보원들도 사실주의 계획에 참여하고 있다. 예를 들어 플로베르가 《보바리 부인》에 나오는 기형 발의 수술을 자세히 알려고 친구 부이에의 도움을 여러 번 청했다는 것은 잘 알려진 이야기이다. 졸라 또한 앞으로 쓸 소설의 주변 환경에 대해 거의 또는 전혀 모를 때 기꺼이 자신의 친분 관계들을 이용한다는 것도 잘 알려져 있다. 공연의 세계와 매춘부들의 세계를 그린 《나나》, 증권거래소 전문가들의 증언과 접촉 없이는 쓰여질 수 없었을 《돈》과 같은 소설도 그런 경우였다. 비록 이 텍스트가 중립적인 독백으로 어느 누구의 텍스트도 아닌 것으로 제시될지라도 최종적인 텍스트는 이러한 모든 말들, 이 모든 화자들(언어학자라면 이렇게 말할 것이다)의 자취를 지니고 있음을 인정해야 한다.

발화 행위의 제 문제

그러므로 객관성을 중시하는 사실주의 텍스트란 발화자를 감추는 놀이를 하는 텍스트라고 정의할 수 있을 것이다. 그러기 위해 사실주의 텍스트는 언어학자가 보는 '이야기(récit),' 즉 발화 행위 차원으로서 이해된 이야기에 의해 제공된 모든 자원들을 사용한다. 이야기에서 이야기되어진 것은 발화 행위의 상황과는 분리되어 있고, 발화자와 동반 발화자(co-énonciateur)의 흔적은 사라진다. 그러므로 주로 '나'(또는 '우리') · '너'(또는 '너희들') · 지시어는 사라지며, 대체로 '담화' 임을 알게 해주는 어떤 흔적도 사라지게 된다. 사실상 주로 텍스트의 단계에서 이 두 차원은 항상 견고하지는 않기 때문에, 하나의 차원이 다른 차원으로 슬그머니 통합되는 일이 일어난다. 스탕달에게서, 사건들이 이야기되는 장면에서 다시 이야기와 읽기로 가도록 작가가 개입하는 경우와 같다. 이러한 이탈들은 소설의 재현된 세계에 대한 우리들의 믿음에 실제로 영향을 주는 것 같지는 않다.

태의 바뀜

서술의 태가 바뀌는 흥미로운 경우를 여기서 살펴보아야겠다. 다른 것들 중에서, 두 인물간에 이루어진 일종의 계약의 결과인 발화의 분리를 이용하여 첫번째 이야기에서 두번째 이야기로 넘어가는 기법이 쓰여진 모파상의 삽입된 단편 소설을 생각해 보자. 예를 들면 〈밥티스트 부인〉의 도입부에서 처음의 호기심 많은 이야기꾼이 두번째 이야기꾼 앞에서 사라진다.

당신은 나를 놀라게 하는군요. 그리고 매우 흥미롭습니다. 그 이야기를 해달라고 청한다면 무례할까요?

충분히 예상되는 일이지만, 친절한 정보제공자는 밥티스트 부인의 슬픈 이야기를 전할 것을 수락하면서 그 이야기가 이 소설의 중심이 된다. 이 단편 소설은 이처럼 담화와 이야기라는 두 차원을 결합시키지만, 이 두 차원이 서로를 정당화하도록 발화가 바뀌는 곳이 바로 허구의 경계 안에서이다. 독자는 허구의 바깥으로 던져지지 않는다. (디드로의 《운명론자 자크》에서 독자들이 그렇게 던져진 것처럼.) 중편 소설에서 목소리를 내는 '나'라는 인물들에 관한 한 이들이 이야기 안에서만 존재하며, 실재의 인물들과 연결될 필요는 전혀 없으며, 소설의 작가 귀 드 모파상일 필요도 더욱 없는 서술자들을 가리키는 허구의 '나'라는 이유만으로 지시와 관련된 착각에 혼란을 일으킬 수 없을 것이다.

이런 발화상의 문제를 완전히 측정하려면, 아직도 두 가지 어려움이 있다는 것을 알려야 할 것 같다. 첫째 어려움은 이 이야기가 비록 사실적이라고 해도 인물들의 말을 옮겨 적어야 한다(사실 각기 다양한 비율로)는 것, 즉 이러한 말들과 이러한 주관적인 사실들을 어떻게 배치하는가라는 문제 때문에 완전히 담화를 포기할 수 없다는 사실에 기인한다. 두번째 어려움은 소설에서의 시간과 공간의 위치 결정이라는 것에서 기인한다. 시간과 공간들이 전지전능한 서술자(모든 것을 알고 모든 것을 보는)에서 나온 절대적인 상황에서 만들어져야 하는가? 또는 이야기의 인물들(자신들의 상황에 관련된 것만 알고 보는)의 주관성에서부터 만들어져야 하는가? 첫째 경우, 이러한 위치 결정이 객관적이라는 인상(아마도 인상일 뿐일지라도)을 받을 것이며, 두번째에서는 객관적이지 않다는 인상을 받을 것이다. 이러한 상황에서 사실주의 텍스트의 그 유명한 '객관성'은 신용할 수 없으며, 이러한 객관성은 어쨌든 자세히 관찰되어야 함을 알게 된다.

드러난 서술

발화된 사건의 모든 흔적을 없애려고 애쓰는 객관적인 이야기에 부여되는 의무라는 첫번째 조건을 다시 살펴보자. 이것은 서술자가 어떤 식으로든 '드러나지' 않는 것을 의미한다. 이것은 쉬워 보인다. '비개인성'이 특징인 서술자는 언표에서 글자 그대로 사라지기 위해 아주 주의하는 것으로 충분하다. 그렇지만 가장 무관한 태도를 보이는 이야기가 서술의 주관성을 드러내는 일이 있을 수 있다. 모파상의 《여자의 일생》에서, 계속 살고 있었던 서민들 소유의 저택에서 나와야 하는 여주인공의 이사 장면을 예로 살펴보자.

그녀는 예전 일들을 생각나게 하는 가구들, **우리들의** 삶의 일부이며 거의 **우리들** 존재 자체인 정다운 가구들, 어렸을 때부터 함께 한 가구들, 기쁨과 슬픔이, 감미로웠던 또는 괴로웠던 **우리들의** 시간이 녹아 있던 가구들, 군데군데 찢어진 천과 안감, 이음새가 위태롭고 색도 바랜 채 **우리들** 옆에서 함께 늙고 낡아갔던 가구들을 이 방 저 방 찾아다니며 보았다.

여기에서 1인칭의 가치에 대해 논의할 수 있고, 책이 상기시키는 불행한 상황을 넘어 가치가 있을 수 있는 일종의 법칙을 볼 수 있다. 그럼에도 사람들은 '우리'라는 말이 어떤 '나,' 즉 서술자의 나, 그리고 이 이상으로 어떤 '당신'(독자인 당신)을 포괄하지 않을 것이라고 잘못 이해하게 된다. 모파상이 발화 행위 자체보다 발화된 것에 더 큰 열정을 보이면서, 우리라는 말을 사용한 것은 분명히 이런 의미에서이며, 부주의로 그런 것은 아니다.

자유간접화법

흥미롭지만 앞의 예보다 훨씬 덜 우연적으로 보일 수 있는 다른 발화 현상으로 자유간접화법으로 가는 방식이 있다. 여기서 서술자의 목소리가 인물의 목소리 속으로 끼어드는 것은 바로 심오한 문체 작업 덕택이다. 《제르미날》의 마지막 장의 발췌문을 보자.

그는 지금, 어쩌면 폭력으로 상황을 앞당기지는 못할 거라고 생각하고 있었다. 잘린 전선들, 뜯겨 나간 레일들, 부서진 등잔들, 얼마나 쓸데없는 일인가? 이런 일은 떼지어 달리는 파괴자의 무리에게 맞는 일이었다. 막연하게나마 그는 언젠가는 합법적인 행동이 더욱 격렬할 수 있으리라는 것을 느꼈다. 그의 생각은 무르익어 갔다. 이전에 그는 자신의 원한 때문에 엉뚱한 일을 저질렀었다. 그렇다. 마외 부인은 자신의 양식에 근거한 판단으로 곧잘 그렇게 말하곤 했었지. 조용히 조직화할 것, 서로를 알 것, 법이 인정할 때 조합을 결성할 것. 이런 것이 큰 힘을 발휘할 것이다. 그런 다음 서로간에 연대감을 느끼게 되는 아침이 올 것이다. 수천 명의 게으름뱅이들에 맞서 일어난 수백만의 노동자들이 서로 만나, 힘을 되찾고 주인이 되는 아침이 올 것이다. 아! 진실과 정의가 깨어나는 아침이 올 것이다. 성막 깊숙이 숨어 웅크린 채 비참한 이들의 희생으로 배불렸던, 한번도 본 적 없었던 괴물 같은 우상이었던 신은 그 자리에서 진실과 정의의 이름으로 죽게 될 것이다.

이 장면은 주인공이 보뢰 광산을 떠나는 순간 마음에 일어나는 일종의 종합 결산에 관한 것이다. 이 생각을 이야기하는 장면에서 여러 명의 발화자들이 섞이고 있다. 에티엔 랑티에의 내면의 소리, 마외 부인의 목소리, 끝으로 이 두 목소리들을 결합시키는 서술자의 목소리가 있다. 인물의 감정을 드러내며, 대중의 갈망이 희미하게 표현되는 단계를 보여 주는 탄성 섞인 감탄문을 확실한 자유간접화법의 예로 들어야 한다. 그 반면 이 단락의 끝은 비록 '죽다'라는 말이 메아리처럼, 게다가 졸라에게서 자주 나타나는 뛰어난 전염 현상으로 서술자의 발화 행위 안에 서민적인 말투를 띠게 할지라도, '배부른 신'의 이미지와 더불어 더 이상 인물의 말투가 아닌 서술자의 말투를 띤다.

시간적 위치

서술 행위(이야기하고 있는 목소리)는 이야기에 개입하는 방식으로만 결정되지 않으며, 이야기되어진 이야기에 비해 이 행위가 점하는 시간적인 위치에 의해서도 결정된다. 사실적 이야기의 대부분이 과거와 3인칭으로 쓰여졌다는 점에서 이런 문제가 제기되지 않아 왔다. 사실적 이야기들은 차후의 진술이라는 점이 돋보인다. 그렇지만 이 문제의 여건들이 바뀌어지기 위해서는 서술 행위의 시간적 위치가 변화되는 것으로 충분하다. 《보바리 부인》의 마지막 페이지에서 바로 정확히 이런 일이 행해진다.

모든 것이 팔리자 12프랑 75상팀이 남았고, 그 돈은 보바리 양을 할머니 집으로 보내는 여행 경비로 쓰였다. 마음씨 좋은 할머니는 그 해에 죽었고, 루오 영감은 중풍에 걸려 움직이지 못했기 때문에 그녀를 맡은 것은 숙모 한 분이었다. 숙모는 가난해서, 자신의 생활비라도 벌라고 그녀를 방직공

장에 보낸다.

  보바리가 죽은 후, 세 명의 의사들이 잇달아 용빌에 왔지만, 오메 씨가 그들을 맹렬히 **공격하는 바람에** 성공하지 못했다. 그는 대단한 지지자들을 **확보하고 있으며**, 고위층과 가정·여론의 보호를 받고 있다.
  그는 **최근에** 명예 십자훈장을 **받았다**.

소설의 이 마지막 글들에서, 단순과거 시제의 이야기에서 담화(복합과거와 현재 시제)로 발화의 차원이 바뀌고 있음이 보이고 있다. 이것은 여기서 서술자-증인의 일종의 동시적인 서술(차후의 서술이 더 이상 아닌)에 관련된 것처럼, 이야기를 서술의 시간과 연결시키는 놀라운 목적을 위해서이다. 서술자-증인의 신분을 확인하는 것은 어렵다. 이 인물의 어떤 위치와 정확한 이름을 찾아 줄 수 없다면, 적어도 이 인물의 목소리에 현대성이라는 위치를 부여할 수 있으며, 이 목소리가 용빌의 공동체와 관계(반드시 이 공동체에 소속되지는 않은)가 있다고 평가할 수 있다. 어쨌든 그밖의 이야기에서 보이는 것과는 반대로, '비개인성'을 그린 문학의 걸작으로 간주되는 이 소설 마지막 페이지의 서술된 이야기에서도 시간적 거리가 없어지면서 서술자는 분명히 존재하고 있다.

5

인물의 문제들

유형들

사실주의의 객관성에 있어서 인물은 하나의 장애가 되고 있다. 서술자는 언제나 자신의 자취들을 없앨 수 있으나, 서술적 텍스트는 주관성의 자연스런 매체인 인물을 없앨 수가 없다.

지난 수십 년 동안, 인물이란 텍스트 고유의 내적인 제약들에서 만들어진 '종이 인간(être de papier)'이라는 정의가 많이 주장되어 왔다. 이런 식의 정의는 인물을 '명칭'(성, 이름, 유연한 별명)·'기능' 또는 행위자(조합 관계와 관련된)·'관리자'(앞에서 보았듯이 작가의 교육적인 계획에 따라 쓰이는)라고 보는 또 다른 정의들을 낳게 했다. 그 결과 전통적인 의미에서의 인물의 창조에 관련된 제약들과 같은, 텍스트상의 제약들과는 다른 제약들은 어느 정도 잊게 되었다. 확실히 단순화시키는 해석은 피해야 한다. 예를 들어 쥘리앵 소렐을 베르테 사건의 주인공으로, 아르누 부인을 엘리자 술레젱제로, 제르미니 라세르퇴를 공쿠르 형제의 하녀로 너무 쉽게 동일시하는 것과 같은 일은 피해야 한다. 그럼에도 불구하고 지시 대상에 대한 일반적인 정의, 즉 책에 의해 환기되는 경험의 세계가 넓은 의미에서 책을 쓴 자의 경험도 포함한다는 것을 알도록 하자.

우리가 어떤 초고들이나 초안 텍스트에서 알아낼 수 있는 지식은, 지시들의 기원과 동시에 이 지시들을 대상으로 하는 작업을 때때로 파악하게 해준다는 이점이 있다. 특히 작업에 임하는 작가가 모형들과의 관계를 설정하는 방식에 관한 한, 초고들을 알아야 하는 것이 중요하다. 《뤼시앵 뢰뱅》의 초안이 그런 점을 보여 줄 수 있다.

> 나에게 있어, 너는 자연주의자일 뿐이다. 너는 표본들을 '선택하지는' 않지만, '사랑'을 그릴 때는 언제나 메틸드와 도미니크를 쓰고 있지.

이것은 스탕달이 여백에다 쓴, 자신의 비밀스러운 작풍에 대해 자신에게 던진 일종의 비난이다. 분명히 도미니크(스탕달의 가명)는 쉽고 안이한 자세를 자책하고 있다. 스탕달은 소설의 인물들인 뤼시앵 뢰뱅과 샤틀레 부인을 실제 모델들과 혼동하고 있다. 스탕달은 과거 자신이 밀라노에서 메틸드 당 부스키에게 품은 열정을 전자의 인물들에게 그대로 옮겨 놓는다. '대상을 앞에 두고 그리는' 그는 '자연주의자'일 뿐이다. 비개인성 차원에 속한다고 볼 수 없는 스탕달 같은 작가가 자신을 보는 관점과, 비개인성을 예술의 신조로 여겼던 플로베르 같은 작가의 다음과 같은 조언을 비교할 수 있을 것이다.

"인물들 속으로 들어가도록 정신적인 노력을 기울여야 하며, 인물들을 자신 쪽으로 끌어당겨서는 안 된다"라고, 그는 1866년 12월 15일 조르주 상드에게 보낸 편지에서 말하고 있다. 이 두 사람이, 인물들과 작가의 관계에서 작가의 외재성이라는 어려운 문제를 말하는 것임을 알 수 있다.

인물의 부각

인물에게 위치를 부여하고 부각시켜야 하는 일은, 특히 플로베르와 졸라 세대에 문제가 된다. 발자크와 스탕달의 인물은 어떤 계획의 근거, 또는 현실을 구성시키는 특별한 인식과 같은 정해진 위치를 가진다. 반면에 자연주의자의 중립성과 당연히 주인공으로서 누려야 하는 차별화의 원칙은 상당히 조화되지 않는다. 자연주의 소설은 "어쩔 수 없이 주인공을 죽인다"라고 졸라는 보고 있다. 실제로 졸라는 주인공이 독자의 관심을 끌어들이는 전통적인 과정들을 삼가는 소설을 원한다는 의미에서 주인공을 죽인다. 주인공을 거부하는 것과 소설적인 것을 거부하는 것은 같은 선상의 일이다.

바로 거기에서 주인공의 기능이 약화된다. 라스티냐크의 힘과 프레데릭 모로의 무기력을 비교하는 것으로 충분할 것이다. 프레데릭 모로는 분할된 것 같고, 자주 시선으로서만 존재하는 것으로 나타난다. 아마도 이런 탈중심의 가장 의미 있는 특징은 몇몇 사실주의 텍스트의 탈초점화(non-focalisation)

일 것이다. 이러한 탈초점화는 세계를 재현하는 시각이 누구에게도 속하지 않고, 고정되지 않는다는 것을 의미하지는 않는다. 이와는 반대로 이 탈초점화는 특별히 어떤 주관성에 속하지 않으나, 《보바리 부인》의 경우처럼 여러 사람들로 배분된 다양한 관점을 자주 전제한다. 플로베르의 소설에서 때로는 샤를이, 때로는 엠마가, 또는 가끔씩은 우연한 익명의 증인이 서술의 중심이 된다. 탈초점화는 모든 관점을 혼자서 이끌어 갈 수 있는 유일한 하나의 관점을 강조하지 않도록 애쓴다.

인물의 말

인물을 말의 주체로 간주하는 것은 당연한 것 같다. 서술자와 인물을 구별하게 해주는 아주 적합한 해결책, 즉 직접화법이 있기도 하다. 이 경우 작가는 줄을 바꾸어 따옴표를 여는 것으로 충분하다. 바로 이런 방식은 발자크의 소설에서 행해지는 것으로, 대화의 교환, 현장들이 이야기의 아주 중요한 시점으로서 사용된다. 그러나 이런 식의 대화 사용 방법은 더 이상 플로베르나 졸라에게는 적합하지 않다. 직접화법은 말을 옮겨 적는 방법 중의 하나로서, 반드시 선호해야 하는 방식은 아니다.

이 방식을 혐오하기까지 한 플로베르는 다른 방법을 쓸 수 없을 때만 사용했으며, 보통은 말을 요약하거나 이야기된 담화(le discours raconté) 형식을 더 좋아했다. 전형적으로 연극에 속하며, 말을 전시하는 이 모방의 방식(대화)을 자신이 찾고자 하는 문체상의 계속성과 동질성과는 반대라고 보기 때문에 플로베르는 싫어했다. 그리고 직접화법은 저속성과 더불어 말의 일상적인 방식을 문학으로 전환시키고자 하는 사람에게 미학적으로 가장 좋은 해결책이 되지 못했다. 이런 것들을 집산하기 위해서는, 어떤 '틀'(《목로주점》의 서문에서 졸라가 말한 것처럼)이 필요했다. 직접화법·간접화법·자유간접화법, 이야기된 담화와 같이 다양한 인용 형태를 결합시킬 수 있는 '틀'이 필요한 것이다. 게다가 플로베르는 직접화법이 외양과는 달리 다른 것들보다 모방에 있어 더 우월하지 않다는 점을 잘 알고 있었다.

책 속에서 대화 형식은 다른 나머지 형식들보다 진정한 (절대적) 진실을 더 잘 나타내지 못한다. 선택해야 하고, 여기에다 묘사에서처럼 연속적인 차원·점층법·명암을 주어야 한다.

소위 직접화법의 객관성은, 최초의 말의 형태를 빌려 결정적으로 재현되는 것이 사실이라는 생각에 근거를 둔 하나의 개념일 뿐이다. 그런 생각은 의미가 없으며, 특히 서술자가 질료와 밀도를 잘 고려해서 자신의 말에 섞어넣은 이물질적인 말들을 포함해 모든 것은 만들어진 것이다. 특별히 언어에 대한 쟁점을 부각시킨 졸라의 《목로주점》을 참고해야 한다. 말의 재현(생각의 재현도 같다고 말해야 할 것이다)은 이처럼 사건들을 있는 그대로 서술하거나, 사물들을 있는 그대로 묘사하는 것과 같은 법칙들을 따른다.

육 체

텍스트에서의 인물의 특별한 존재 방식인 육체에 관해 설명하지 않는다는 것은 불가능하다. 허구의 작품을 통해 구성되고 표현될 수 있는 그대로, 소설에 나타난 육체를 분명히 보도록 하자. 사회 계층에서 서민은 육체의 투영으로 인식되는 가운데, '하층 계급'을 표현해 왔던 작품들 속에서 육체가 다르게 표현된다는 사실을 예상해야 한다.

육체를 보여 주기 위해 담론은 어떤 방식을 택하는가? 이런 담론의 실체 속에는 실제 다음과 같은 여러 가지 전제들이 개입되고 있다.

──말해질 수 있고 보여 줄 수 있는 것의 한계를 정하는 도덕적이며 문화적인 통념들. 《보바리 부인》에게 그 유명한 소송이 제기되었을 때 이런 점을 알 수 있다. 다른 작가들 중에서, 플로베르는 '자연의 모든 생생한 면'을 보여 주었다고 고발된 것이다. 필요나 욕망의 체계, 육체적인 문제, 병, 노골적인 부분들, 성적인 특성들을 말하거나 말하지 않는 여러 가지 방식들이 있다. 마네와 졸라가 여성의 몸을 벗기면서, 사회적으로 명망 있는 인물들과 여성의 몸을 결합시키면서 정말 도가 지나친 사용 예들을 보기를 바란다. 유명한 〈풀밭 위의 식

사〉, 또는 여주인공이 자신의 모습을 에로틱한 시선으로 주시하고 있는 《나나》의 어떤 장면이 뮈파 같은 이의 시선을 통해 보여지는 것이 그런 경우이다. 더군다나 언제나 벌거벗은 주인공이 여성인 점에서, 나체의 주인공에 대한 작가의 외재성과 엿보기 취미의 관계를 정확히 재현한 그런 장면들에 화내는 위선도 있다.

──지식 상태. 19세기에 들어서면서 고전적인 초상화 체계를 이끌어 왔고, 여전히 발자크가 많이 사용하던 용모와 육체는 더 이상 관련되지 않을 뿐만 아니라 클로드 베르나르의 의학·생리학·생물학과도 관련되지 않는다. 자연주의자들은 환경의 연구와, 특히 '거리 여성들의 소설'을 쓰기 위해 이 모든 지식들을 풍부히 사용한다. 신경증을 보이는 인물들은 1860년대 이후의 소설들에서 많이 나타난다. 이런 유의 문학에서 아마도 걸작에 속하는 《제르미니 라세르퇴》(1865)는 신경발작증을 묘사하기까지 한다.

──끝으로 문체의 문제들. 육체를 표현하고 보여 주는 것은 주로 과거의 유산물인 문체의 법칙들, 약호의 사용을 전제한다. 거기에서 어느 한 시대가 소설을 통해 육체를 재현할 수 있는 그대로 육체의 이미지를 새로이 표명하는 새로운 약호들, 새로운 텍스트 유형들을 창조할 필요가 나온다. 이처럼 텍스트에서 재현된 육체는 전체 또는 부분으로 고려되어질 수 있다. 첫번째 경우, 위치 조절(육체의 어떤 부분을 우선하는가?)의 문제, 묘사 체계(어떤 법칙들에 따라서?)의 문제가 제기된다. 전통적으로 인물 묘사는 신체·심리·의상·행동에 관한 여러

특질들이 모인 것이다. 두번째 경우, 전체를 구성하는 부분으로 고려된 육체는 유기적 결합과 관련된다. 한 인물은 다른 인물들과 연결되고, 인물은 환경과 연결된다. (환경이 더 중시되거나 그렇지 않기도 하다.) 이 문제는 첫번째 문제보다 19세기 후반의 사실주의 행동을 더욱 잘 규명해 준다.

후기 낭만주의 시대는 분명히 인물 묘사에 대한 배려를 모두 포기한 것은 아니고, 마찬가지로 예전의 문체의 법칙들과 발자크가 열심히 사용한 육체의 기호학을 포기한 것도 아니다. 인물 묘사는 특별한 장소로서 존재할 수 있으나, 플로베르와 졸라의 사실주의에서 더 이상 가장 중요한 부분이 되지 못한다. 게다가 이 점에 관한 한 아주 인색한 스탕달의 소설에서도 더 이상 중요하지 않다. 플로베르에게서도 감소되고 분리되고 분산되는 경향이 있다. 예를 들어 《감정 교육》 어디에서도 아르누 부인에 대한 묘사가 결정적으로 나타나지 않으나 프레데릭 모로라는 다른 인물을 통해, 대개는 그의 삶의 다른 상황들에서 보이는 그대로 다양하고 선택적이고 주관적인 모습으로 나타난다. 플로베르는 졸라와 마찬가지로 작업시 인물 묘사를 정당화할 수 있는 동기 부여와 배치의 기술적인 측면을 중요시 여긴다. 이러한 배려 중에서 프레데릭에 의해 측면에서 보여진 아르누 부인의 첫번째 출현을 예로 들 수 있다. 졸라는 뒤에서 비스듬히 보는 각도를 많이 쓴다. 여기에 위에서 내려다보는 시각으로 그린 드가의 발레리나들을 들 수 있다.

인물과 공간간의 상관 관계는 중요하다. 환경의 결정론에 대한 졸라의 담론이, 그가 텍스트에서 짜놓는 인물과 공간의 관계를 구체화한 것이란 점이 더욱 흥미롭다. 문체는 하나의 감정을 통해 또 다른 하나를 느낄 수 있도록 하기 위해, 인물과 공간을 동시에 구체화하고자 한다. 《제르미날》에서 발췌한 다음 부분을 보자.

모두가 편안한 얼굴이었다. 그는 이따금씩 내려가고 있는가, 아니면 올라가고 있는가 생각하고 있었다. 승강기가 어떤 장치에도 걸리는 법 없이 곧장 내려갈 때면, 움직이고 들 있지 않는 것 같았다. 그리고 나서 갑작스레 요동칠 때는 두꺼운 널판 위에서 춤추고 있는 것 같았고, 그에게는 엄청난 재난이 닥칠 것 같은 두려움을 주었다. 게다가 그가 얼굴을 대고 있는 철망 뒤로 갱 벽들이 제대로 보이지 않았다. 램프들이 희미하게 그의 발 아래에 있는 사람들 무리를 비추고 있었다. 갱내 감독의 개인용 램프만이 옆에 있는 석탄 운반차 안에서 등대처럼 비추고 있었다.

이 단락은 에티엔 랑티에가 갱으로 처음 내려가는 장면을 그리고 있다. 일종의 갑작스러운 이러한 착지는 갇힘, 야만적인 주위 환경, 어두움, 방향 잃음, 떨어지면서 느끼는 멍멍함과 같은 부정적인 경험으로 나타난다. 이 단락은 에티엔의 육체에 대해서는 두 가지(그의 얼굴, 그의 발)만 포함한다. 기술적인 용어가 사용됨에도 불구하고 진정 묘사라고 할 만한 것도 없다. 그렇지만 이 글은 에티엔의 육체, 좁은 공간, 기계와 움직임에서 느껴지는 육체적 감각을 재구성하고 있다. 시각적인 공간이 실제로 배타적으로 구성되면서('제대로 보이지 않았다'·'램프들이 희미하게…… 비추고 있었다'), 어떤 특별한 유형의 상이 만들어진다. 즉 불편함을 느끼는 것은 특이한 감각에서 뿐만 아니라 일반적인 생체 감각에서 오는 것이기 때문에 체감적인 상과 관련된다. 물론 여기에다 문체적인 언어 작업이 첨가된다. '움직이고들 있지 않는'에서 보이는 복수형이 느낌을 증폭시키며, 동사에서 파생된 '춤추고 있기(dansement)'가, 리듬을 살리는 작업이 문장의 리듬을 중요시하는 것처럼 과정을 중요시하고 있음을 알 수 있을 것이다. 끝으로 텍스트에 나타난 감각과, 작가 에밀 졸라가 1884년 어느 날 발랑시엔 지역의 어느 광산의 갱도로 내려갔을 때 느꼈던 감각과의 관계에 대해서 생각해 볼 수 있을 것이다.

시각

육체에 의해 살게 되는 공간, 시선에 의해 잡힌 세계. 이러한 사실주의 인물을 결정하는 중요 요인들은 두 가지 조건과 관련된다. 시선은 가독성을 이끄는 동시에 주관성의 매개이다. 시선에 의해 어떻게 쓰여지고 작업되는지를 보기 위해 필연적으로 다시 살펴보아야 하는 것이 묘사이다. 《감정 교육》(I, 3)에서 그런 예를 빌려 올 수 있을 것이다. 프레데릭 모로가 처음 파리 생활을 시작할 때의 산책 장면을 보자.

사륜마차에 무심하게 앉아 있는 여자들, 바람에 펄럭이는 치마자락들, 딸각거리는 말들의 발자국 소리에 따라 미미하게 흔들리면서 바드득거리는 에나멜 가죽 소리와 함께 여자들이 그의 옆을 지나가고 있었다. 마차들이 더욱 많아지면서 롱푸앵에서부터 속도가 느려졌으며, 길은 온통 마차들로 가득 찼다. 말갈기들이 바짝 붙어서고 램프들도 가까이 모여들었다. 짧은 바지, 흰 장갑들, 모피옷들 사이로 쇠등자, 은사슬, 구리고리들이 여기저기 번쩍거렸고, 마차 문들의 문장이 그 빛을 반사하면서 다시 번쩍거렸다. 그는 어떤 먼 세상에서 길을 잃어버린 느낌이었다. 그는 이리저리 여자들을 보고 있었다. 막연히 비슷한 모습에서 아르누 부인의 기억이 떠올랐다. 그는 다른 여자들 모습에서, 당브뢰즈 부인의 쿠페와 비슷한 작은 마차들 중의 하나에서 그녀의 모습을 떠올리고 있었다——그러나 해가 지고 있었고, 회오리처럼 이는 먼지바람이 차가운 바람을 몰고 왔다. 마부들은 넥타이 쪽으로 고개를 숙였고, 바퀴들이 더 빠르게 구르기 시작하면서 자갈 도로에서 삐걱거리는 소리가 났다. 모든 행렬이 앞다투면서 서로 스치다가 떨어지면서 빠른 속도로 길을 따라 내려가 콩코르드 광장에서 흩어지고 있었다. 튈르리 공원 뒤로 청회색 하늘이 보였다. 공원의 나무들은 꼭대기가 보랏빛인 두 개의 커다란 산 모양이었다. 가스등이 켜졌고, 온통 푸르스름한 센 강물은 다리 기둥들과 부딪치면서 은빛 물결로 갈라지고 있었다.

이것은 분명히 어떤 것을 묘사한 것이나, 전혀 사실주의 대가의 묘사와는 맞지 않는 것 같다. 사실주의 작가의 임무의 관점(어디에 쓰일 것인가?)에서 뿐만 아니라 전개 방식에서도 더 이상 아닌 것 같다. 이것은 모두 인물들·장소들·사물들·세부 사항들에 대한 이질적이고 예측할 수 없는 설명들이다. 이 모든 요소들은 서로 가깝게 연결되어 세세하게 그려지고 있다. 이 점에서 사실주의 산문의 주된 특징을 환유-제유라고 보는 야콥슨의 관찰(p.151-152 참조)이 타당한 것 같다.

보고 있는 인물은 누구인가? 또는 더욱 넓은 의미에서, 여기서 느끼고 있는 이는 누구인가? 언뜻 보기에는 프레데릭 모로가 서술의 중심에 있다. 느낀 인상을 기록하는 주시적인 시선, 순수한 수용적인 시선이다. 하나의 의식이 주변의 세계로 들어가 자신에게 인상적인 상황들과 세부적인 것들만을 붙든다. 인물이 그림 속에서 용해되는 점이 충분히 설명되는 이런 구성은 물론 인상주의이다. 그렇지만 이 인물이 언제나 재현의 당연한 기준점이 아니라는 느낌을 준다. 게다가 그의 부자연스런 입지는 어떻게 된 것인가? 텍스트는 그 안에 사실상(또는 배타적으로) 연루된 것으로 보이지 않는 인물의 설명들, 일정한 고정점이 없는 설명들을 내포하고 있다. 이 점은 텍스트 안에 분명하게는 아니지만 다른 관점, 즉 잠재적인 관객이거나 전지전능하고 두드러진 서술자와 같은 관점에서 쓰여진 것이 아닌가 추측케 한다. 게다가 위치가 바뀌는 순간('그러나'에서부터)이 있으며, 장이 넓어지는 순간이 있다. 그래서 센 강에 대한 최종적 시각이 프레데릭이라는 인물의 시각이라고 보는 것이 이제는 불가능하게 된다. 더 자율적이고 미학적인 시각이 자리잡은 것으로 보인다.

이 단락 전체가 초점화의 성질과 재현의 위상(주관적? 객관적?)에 대해 의문을 제기하게 한다. 주관적인 것과 객관적인 것, 인물에 속하거나 속하지 않는 것이 뚜렷이 나누어지는 시점은 파악하기가 어렵다. 관점의 변화를 내세우는 것보다 차라리 이중으로 겹쳐지는 시각에 대해 말할 수 있을 것이다. 환유가 지배적인 세계에서는 윤곽들이 사라지게 되어 있다. 텍스트에서 윤곽이 사라지는 것이 글자로 나타나지만('청회색 하늘이 보였다'), 이것은 표현의 주체들과도 관계된다. 여기에서 인물이 더 이상 언급되지 않는다 할지라도, 이 단락의 끝은 시작만큼이나 주관적이다. 인물의 영향이 풍경 속에 각인되고, 색깔들이 인물의 정신 상태를 담당하고 있다는 것, 마지막 센 강물이 갈라지는 모습에서 인물의 혼란조차 센 강에 투영된다는 것을, 설명 이상으로 보여 주는 것으로 충분하다.

사실주의의 우회적인 발화 행위, 특히 구속적인 계약 조건 명세서(p.136 참조)에 주로 나오는, 자기 고유의 장치를 가지는 사실주의식의 발화 행위는 정말로 존재한다. 이러한 구속들과 객관성에 대한 의무는, 보는 것과 말하는 것과의 교차점에 있는 새로운 장르의 서술적인 주관성을 창조하는 데 있어 중요하다. 생각과 말을 전하는 이야기에서, 시각과 묘사에서, 이 주관성은 사실 서술자와 인물이 자주 구분되지 않는 길을 개척하고 있다. 바로 이런 주관성은 서술적인 허구의 공간에서만 존재할 수 있다는 이유로 서술적이다. 이 주관성은 지식과 사실의 읽기라는 계획과 분리될 수 없다는 점에서 사실주의적이다.

6
보기 / 쓰기

 시각만이 인물의 성질을 결정하는 요소(어쩌면 가장 중요한)는 아니다. 시각은 사실주의 계획에 속하는 하나의 방식이다. 게다가 눈은 어떤 현대성을 아주 잘 보여 주는 뛰어난 기관으로 나타난다. "나는 오른눈에 불꽃이 들어 있다"라고 플로베르는 어디선가 말한 적이 있다. 이 시대는 과장된 시각으로[26) 고통받는 시대이다. 보기와 쓰기, 이 두 말은 서로 밀접한 관계인 만큼 다르게 형성될 수 있다. 쓰기 위해 보기, 보기 위해 쓰기라는 이 두 쌍의 형태만을 보도록 하자.

쓰기 위해 보기

 쓰기 위해 본다는 말은 당연한 말이다. 그리고 교육적인 입장과 더불어 이 말은 친숙한 말이 되었다. 사실주의-자연주의 작가란 쓰기 위해 보기를 필요로 한다는 사실은 오래 전부터 당연시되어 왔다. 그러므로 처음에는 문서들이 있었고, 진짜 문서들, 즉 생생한 기록 문서들이 좋은 책을 만드는 조건이었다. 이것은 소설의 의무론과 관련된다. 반대자들은 '관찰학파' (폴 부르제)를 사실에 맹목적으로 순종하는 노예 근성과 근시안적인 시각이라고 비난했다.

이런 논의는 더 이상 우리들에게 중요하지 않다. 반대로 우리들은 '보여진 것들'의 진정한 위치가 무엇인지에 대해, 그리고 이 보여진 것들이 문체라는 다른 단계를 통해 추구할 수 있는 길에 대해 생각할 수 있다. 다행히 운좋게도 플로베르의 《작업 수첩》, 졸라의 《조사 수첩》, 그리고 재판된 공쿠르 형제의 《일기》와 같은 지난 몇 년 동안 동시에 출판된 책들이 우리들의 관심을 촉구한다. 이들 작가들간의 차이점과는 상관 없이 이 세 책의 공통된 요소로, '보다(voir)'라는 동사와 보는 것이 중심이 된 글쓰기, 그리고 순간성, 그림, 현장에서의 메모들을 중요하게 여겼다는 것을 들 수 있다.

《작업 수첩》은 사람들이 플로베르에 대해 가질 수 있는 고정관념을 바꾸게 한다. 문체에 몰두한 작가, 완전 무결한 형태에 광적으로 집착하는 크루아세의 이 고독한 작가의 모습 옆에, 현장 촬영에 필요한 '사전 물색 작업'(영화에서 이 말이 의미하는 그대로)을 행하면서, 또한 한정된 텍스트 안에서 있는 그대로의 정확한 이미지와 말을 즉각적으로 형상화시킬 수 있는, 현장에서 메모할 수 있는 현장 위주의 활동가의 모습을 볼 수 있다. 관점들을 완전히 보여 주는 이 《수첩》에서, 플로베르는 이미 '의심스러운 이야기 장치'를 구축하고 있었다. 이 이야기 장치 속에서 사실은 어디에도 잡히지 않으며, 여러 가지 다른 관점들 사이로 배치될 것이다. 최종 텍스트 안에서 서술적 주체성의 윤곽들을 파악하기는 너무나 어려운 일이지만, 바로 이런 다른 관점들을 통해 서술의 주체성에 접근할 가능성이 있다. 또한 소설에서 상상이 어떻게 시각, 작가의 시각적인 감각, 때때로 초기 영화적인 감각과 결합하는지 보다 잘 이해하게 된다.

공쿠르 형제의 《일기》는 날카로움이라는 특징과 함께 여전히 시각의 기호 아래, 예리하고 '예술가적인' 시각 아래, 가바르니를 숭배하는 아마추어들로서 실습했던 초상화·그림·판화를 상기시킨다. '쓰기 위해 보기'라는 명제를 증명하면서, 이 《일기》는 소설의 고문서 보관서의 역할을 하며, 에드몽 드 공쿠르가 《장가노 형제》(1879)에 쓴 중요한 서문에서 밝힌 것처럼 쓰기의 선결 조건인 관찰의 굉장한 보고가 된다.

그러므로 엄청난 관찰 기록들, 자세히 취재된 거대한 메모들, 어떤 화가가 죽을 때 자신의 일생을 스케치한 것을 보여 주는 수많은 수첩들처럼 쌓여진 인간 문서들만을 사용해서 이들 남자들, 여자들과 이들이 살고 있는 장소들까지도 표현될 수 있다.

화가의 수첩과 비교는 《일기》의 규정과 야심을 간접적으로 정의해 주고 있으며, 이를 통해 어떤 일생을 그리는 작품이 될 것이라는 점을 유의하게 될 것이다. 《일기》에서 공쿠르 형제라는 예술가들을 다시 보게 된다. 그리고 자주 비난받았던 이런 예술적인 관점이 여기에서는 정당화됨을 보게 된다. 이런 예술적인 관점이 극도로 시각적인 이해에서, 그리고 사물들과 사실의 맥락을 중시하는 데서 나온 것임을 알 수 있다. 《일기》는 이들 형제들이 금전에 좌우되는 자신들의 시대와 동시대인들의 현상을 싫어했던 것과는 부조화를 이룰 수도 있는 현대성의 그 유명한 선언('자신의 시대에 속할 것')의 어떤 독창적인 의미를 깨닫게 한다. 공쿠르 형제들은 진정 자신들의 시대를 산 사람들이다. 이들의 《일기》는 현행적인 것들에 (사물·장소·사람들의) 시각을 적용시킴으로써, 그리고 자신들의 관찰자로서의 행동을 통해 현대성에 대한 감각을 전달하면서 언론직과 같은 행동을 보여 준다.

또한 졸라도 시선의 현대성에 동참하며, 쓰기 위해 이런 식의 보기의 필요성에 공감한다. 그의 예술에 나타난 이러한 면은 잘 알려져 있고, 교과서적인 전통은 일종의 특수 촬영의 면을 띠기까지 했다. 즉 《제르미날》을 쓰기 위해 실제 광산으로 내려갔으며, 《인간 야수》를 위해 기관차를 타고 여행했으며, 《대지》를 위해 보스 지방을 두루 돌아다녔다. 사람들에게 이런 사실은 이미 알려져 있다. 잘 알려져 있지 않은 것은, '보여진 사물들'이 문서라는 결정 기관(글로 쓰여 읽혀지는 사물도 포함된)에서 점하는 위치이다. 실상 이들이 점하는 위치는 상당하다. 졸라가 조사한 것들은 문서로 배치되고, 이 문서 속에서 가공되지 않은 자연 그대로의 순수한 재료들은 소설에서 쓰일 때를 위해 준비된 것처럼 대기하고 있다. 《조사 수첩》은 우리들에게 사진작가와 영화촬영가의 감각을 갖춘 신문기자 졸라의 모습을 보여 준다. 《제르미날》의 문서에서 그런 모습의 예를 볼 수 있다.

 내가 특히 택하고 싶은 것은 지형학적인 위치이다. 운하 가까이, 골짜기에 있는 수갱. 그와는 반대로 광부촌은 언덕 위, 고원에, 도로면에 세워져 있다. 주변에는 드넓은 밀밭·사탕무밭이 있다. 넓게 물결치는 들판은 운하에 일정하게 심어진 큰 나무들만으로 나뉘어져 있다.

바깥에서 메모한 광부촌 풍경의 스케치에서 놀라운 것은 바로 사용된 언어이다. 이 언어는 그가 사용하는 도구(기록된 메모들)와 함께 현실을 강탈하는 것과 같은 일을 수행하는, 특이한 장면을 찾아다니는 사진촬영가의 언어이다. 비록 소설이 자신만의 고유한 약호에 따라 이 공간을 '민족지학적인 시각'에 맞추고 변화시킬지라도 사진촬영가의 언어를 보여 주며, 지형을 물색하면서 소설의 공간이 될 공간이라는 재료를 재단하는 영화인의 언어를 보여 주고 있다. 이 점에서 이야기와 허구로 가는 과정에서의 변화들이 설명되고, 메모라는 초기의 텍스트에서 최종적인 텍스트로 가는, 다시 쓰는 작업을 따라가 볼 필요가 있을 것이다.

보기 위해 쓰기

이 두번째 명제는 전적으로 사실주의 계획에 적합한 일반적 의미에서 살펴보아야 한다. 사실주의 작가는 가시권을 넓히고, 그 결과 어떤 유형의 가독성을 증폭시키고자 하는 것 같다. 이것은 문학을 지식의 수단으로 보는 개념과 어깨를 나란히 한다. 이것은 플로베르가 1850년경에 이루어지기를 기원했던, '사물들의 안과 밖을 그릴 수 있는' 문학으로서의 '전시적인' 문학이다. 사물들의 이면과 사회적 활동의 이면을 드러내는 것은, 이미 발자크의 계획이 의미하는 일이다. 19세기 후반 동안에 보여 주고자 하는 열망은 끝이 없을 것이며, 중산층의 체면의 내면, 서민들, 욕망들, 특히 병과 같은 모든 것을 보여 주기 위해 열정적으로 기꺼이 오르막길을 올라갈 것이다. 이런 일로 자연주의자들은 하수도 청소부로, 그 시대의 풍자화가들에 의해 우스꽝스러운 코안경을 걸친 모습으로 나타나게 될 것이다.

그러나 다른 사실주의 세대들에게 공통된 이런 일반적인 목적은 글쓰기 과정, 기법상에서 그리고 정확히 말해서 보여 주는 방식에서 각자 달라지게 된다. 바로 이런 점에서, 예를 들어 발자크 이후 언제나 모방되어 온 상세한 묘사에 대한 애착을 이해해야 한다. 작가의 메모나 수첩 속에 기록된 대로, 현장에서 보여진 그대로의 사실을 책에 접목한다는 이유로, 발자크는 계통상 순수한 '사실 효과'(바르트)의 범주에 넣어지지는 않을 것이다. 이런 이유로 그와 관련된 것은 현실의 무가치함뿐만 아니라 새로운 시각을 가진 민족지학자의 모습이다. 이러한 보는 방식은 느끼고 쓰는 방식과 연결된다. 세세한 부분은 불연속의 미학에서 나온 것이며, 이 불연속의 미학은 플로베르에게서 보았지만 플롯의 형태, 인물의 제시, 공간과 시간의 파악에 관해 어떤 효과를 미치고 있다.

이제 시각을 새로이 하려는 공통된 욕구 속에서, 문학과 다른 예술들과의 깊은 연관성을 발견해야 한다고 본다. 플로베르가 자신의 예술의 어리석은 경쟁자로서 지독히 싫어했지만, 공쿠르 형제는 관심을 가지고 있었으며(인물 묘사를 위한 다른 방법을 가진 나머지 사람들처럼) 졸라가 그의 말년에 실행했던 사진과의 연관성을 발견해야 한다고 본다. 특히 그림과의 연대성을 알아야 한다고 본다. 예술에 대한 문학, 특히 살롱전들에 대한 서평, 미학적인 참여(마네를 옹호하면서 동참한 졸라를 생각할 수 있다), 예술에 대한 열정(특히 공쿠르 형제와 위스망스를 생각할 수 있다) 등, 거의 모든 것이 미술로 귀착된다. 그러나 그외에도 문학인들과 화가들간의 일종의 형제애, 진정 마음을 끄는 미술 유형들을 계속 차용하는 문학 같은 것이 더 있다.

미술과 문학의 방식들이 서로 섞일 정도로 미술과 문학을 접근시키고, 문서 기록 방법에 따라 여기서 소설을 끌어내기 위해 작가는 화가들의 작업실에 드나들었다. 공쿠르 형제와 졸라가 각각 《마네트 살로몽》(1867)과 《걸작》(1886)을 쓴 것도 바로 이런 배경에서였다. 작품 속에 투입된 화가는 창조의 문제, 미학적인 논의들, 그리고 그림에 대한 설명에 이르기까지 소설에서 다루어진다. 그것은 또한 화가의 어휘·방법론, '소재들'을 자기 것으로 만드는 방법이기도 하다. 미술을 다루는 소설들이라는 생각을 넘어, 색상과 인상의 매력에 몰두하는 것은 바로 거의 한 세대 전부에게 속한 일이었다. 때로는 소설가가 화가와 경쟁하고 싶어하고, 글을 통해 보게 하려 한다고 느낄 정도이다. '재현'에 대한 집착은 특히 풍경에서, 인상학파들보다 먼저 야외학파 바르비종 그룹이 그렸던 것과 같은 풍경에서 현저히 보인다.

풍경으로 구성되어 소설에 나타난 공간, 그러니까 공간-풍경은 때때로 미술로 전환시키는 작업이었다. 그러나 소설적 공간은 불연속의 미학, 그 시대를 풍미한 분할의 미학과 만난 것뿐이었다. 공쿠르 형제에게서(바로 《마네트 살로몽》에서), 플로베르에게서(《감정 교육》에 나타난 퐁텐블로 숲을 생각하기를 바란다), 위스망스에게서(흥미로운 《파리인들에 대한 크로키》의 작가), 졸라에게서(특히 《사랑의 한 페이지》와, 블로뉴 숲을 마차를 타고 산보하는 것으로 이야기가 시작되고 끝나는 《쟁탈전》에서), 소설적 공간은 성공의 요인이 되었다.

여러 가지 시각들이 이렇게 집중된 것을 볼 때, 이 작가들(그리고 언급할 필요가 있는 다른 작가들)이 문체에 대한 정의나, 때때로 몇몇 사람들이 언어는 부차적으로 보면서 사실의 우월함을 내세우며 비난했던 문체에 대한 개념을 받아들이는 것조차도 동의하지 않는다는 사실에 대부분 놀랄 수 있다. 어떤 이들은 자신의 고유한 문체를 가지지 않는다고 비난받았고, 다른 이들은 ——'예술적인 문체'의 지지자들——너무 지나치게 자신만의 특성을 내세운다고 비난받았다. 실상 '관점,' '사물을 보는 절대적 방식'(플로베르), '기질'(졸라), '독특한 환상'(모파상)과 같이, 문체란 나름대로의 독특한 쓰기가 이루어지는 가운데서 스스로 재정의된다. 어떤 방식이든 새로운 장르는 자신만의 발화 행위 방식들이 있다. 정확히 말해서 자신들의 세계를 우리들에게 계속 강요하고 있는 작품들에서, 사실주의적인 이런 발화 행위와 이런 문체의 중요한 특징들이 나올 수 있다는 것은, 이 작품들이 공통적으로 하나의 미학과 하나의 시학을 가지고 있다는 것을 충분히 보여 준다. 그리고 이 미학이란 바로 사실을 느끼는 독특한 감수성이며, 이 시학이란 사실을 새롭게 조명하는 어떤 시각을 만들어 내기 위해 사용되는 모든 방법들이다.

결 론

사실주의-자연주의의 유산은 헤아릴 수 없다. 20세기의 거의 모든 소설이 어느 정도는 이들의 은혜를 입고 있기 때문이다. 이러한 유산이 다양한 형태로 이루어지고 여러 가지 방식으로 물려받는다고 볼 경우, 이 헤아릴 수 없는 유산은 세 가지 계열로 나뉠 수 있다.

첫번째 계열은, 앞의 세기의 위대한 전통과 자신과의 유사점을 알아보며, 자신들의 고유한 방식으로 이런 유산을 이어가는 작가들의 계열이다. 예를 들어 쥘 로맹은 《선의의 사람들》(1932년에서 1946년 사이에 발표된 연작)의 서문에서, 사회를 그리고자 하는 졸라의 야심을 다시 잇고 싶다는 것을 분명히 밝히고 있다. 쥘 로맹의 일체주의는 소설 연작의 일치를 더 깊이 있게 밀고 나가기 위해 '개별적인 그림들'에 대한 발자크와 졸라의 방식을 뛰어넘고자 한다. 그와 같은 충실함과 뛰어넘고자 하는 마음은 아라공에서 다시 보인다. 《현실 세계》(1934년에서 1951년까지 시도된 연작)의 저자가 '사회주의적인 사실주의'라는 쇄신된 사실주의를 열렬히 받아들일 때, 러시아에서 수입된 이 기준을 발자크·스탕달·졸라뿐만 아니라 쿠르베, 특히 마네라는 국내 전통과 접목시키려고 애썼다.

게다가 일반적인 정의의 가치를 보여 주며 어쩌면 '사실주의적인 자세'를 포용하는 대부분의 사람들에게 적합한, 바로 아라공의 개인적인 사고를 생각해 볼 필요가 있을 것이다.

내 삶은 나의 외부에 존재하며, 이 세상에서 나보다 먼저 존재했었고 내가 사라질 때에도 살아남아 있을, 사물들의 표현에 대한 논의 그 자체였다. 추상적인 말로 하자면, 이 논의의 이름은 사실주의이다.[27]

자신에 대한 표현과 세상에 대한 표현간의 이러한 분할점은 자세히 살펴보아야 하고, 미묘한 차이를 고려해 보아야 할 것이나, 이것은 사실상 결정적이다.

두번째 계열은 가장 미약하지는 않지만, 그래도 물려받은 자취가 있다. 20세기에 들어와서 사실주의를 문제삼은 이들 중의 몇몇이 여기에 속한다. 《되찾은 시간》에서 '인용 문학'을 비난한 프루스트, 첫번째 《초현실주의 선언》에서 전통적인 서술의 공허함을 비난한 브르통, 발자크의 방식들을 낡았다고 판단한 후 격렬하게 몰아낸 누보로망이 바로 그들이다. 사실주의 유형이든 또는 그 반대 유형이든, 이들 유형들은 때때로 분명히(《의혹의 시대》에서 나탈리 사로트의 모습대로) 더 나은 사실주의를 요구하면서, 다른 길들을 통해 현실을 탐구하고자 했던 모든 새로운 시도들에 많은 영향을 끼쳤다는 점을 높이 평가할 수 있다. 그러나 그것이 전부가 아니다. 비록 이 요소가 아주 다른 목적을 위해 쓰일지라도, 모든 계승자들이 부인할 수 없을 사실주의 미학의 한 요소가 있다. 그것은 책에 의해 쓰여진 사물과 표현된 세계와의 고유한 일관성에 관한 것이다. 19세기 후반은 형태와 관련된 절대적인 필요성을 강화시키는 데 있어서, 그리고 그것을 넘어 '문학'의 현대적인 어떤 개념의 형성에 있어서 중요하다.

 어쩌면 가장 수가 많은 세번째 계열을 설명하는 것을 잊지 말자. 이 세번째 계열은 아주 특별한 성질은 없다. 이 계열을 구성하는 이들은, 다소간 의식적으로 19세기 중산층을 다룬 소설의 다양한 교훈을 간직하고 있다. 이들은 사회를 그리고자 하는 마음을 가지고 있으며, 사실과 같은 허구를 구성할 줄 알며, 이야기의 다양한 구성 요소들, 즉 서술·묘사·인물 묘사·대화를 사용할 줄 알고 있다. 요컨대 이들은 자발적으로 19세기 선배들이 대부분 상세히 보여 주었던 그대로 소설의 공동 약호를 통해 자신들을 표현하고 있다. 그 이름들을 인용할 필요는 없으나, 수많은 현대 소설가들이 비평과 문체에서 영향력이 많이 감소되었던 이 약호들을 별로 의식하지 못한 채, 단순히 사용하고 있다는 것을 알게 될 것이다. 이것은 바로 다른 곳에서와 마찬가지로 문학에서도 보이는 유산들의 운명이다.

원 주

1) 《미메시스 *Mimésis*》, Gallimard, 1968; 1984년 'Tel' 총서에서 재판.

2) 〈예술적인 사실주의에 대해 Du réalisme artistique〉, 《문학 이론 *Théorie de la littérature*》, T. 토도로프 외 러시아 형식주의자들의 텍스트 공동 모음집, Seuil, 1965.

3) Alain Robbe-Grillet, 《누보로망을 위해 *Pour un nouveau roman*》, Éd. de Minuit, 1961, p.35.

4) 〈고골리의 《외투》는 어떻게 만들어져 있나 Comment est fait Le Manteau de Gogol〉, 《문학 이론 *Théorie de la littérature*》, Seuil, 1965, p.230-231.

5) 〈예술적인 사실주의에 대해 Du réalisme artistique〉, *art. cit.*, p.100.

6) 《되찾은 시간 *Le Temps retrouvé*》, Gallimard, 'Folio' 총서, 1982, p.258.

7) 《사실주의의 근원: 귀족 계급과 중산층 *Aux sources du réalisme: aristocrates et bourgeois*》, U.G.E., '10/18' 총서, 1978, p.17-18.

8) 동반 텍스트(co-texte)란 사회 텍스트(socio-texte)와 사회-역사적 맥락(contexte) 사이에 있는 텍스트로, 텍스트를 동반하면서 텍스트에 메아리처럼 회답하는 다른 담론들의 총체이다. 그렇다고 텍스트를 초월하지도, 텍스트와 분리될 수도 없는, 텍스트 안에 있으면서 세계를 참여시킨다. 사회-역사적 맥락이 역사학자·사회학자가 문학 텍스트를 이해하는 데 있어 중요한

사회적 자료인 반면, 특수한 중재를 통해 사회가 텍스트 속에 존재하는 동반 텍스트는 사회 비평이 필요로 하는 부분이다. 〔역주〕

9)《작품의 맥락: 발화 행위, 작가, 사회 Le Contexte de l'œuvre: énonciation, écrivain, société》, Dunod, 1993, p.19-20.

10) René Wellek, 〈문학적 학식에서의 사실주의 개념 The concept of realism in literary scholarship〉, in《비평 개념 Concepts of Criticism》, Yale University Press, 1969, p.225(trad. de l'auteur).

11) René-Pierre Colin,《졸라 배반자들과 동맹자들 Zola renégats et alliés》, Presses universitaires de Lyon, 1988, p.443.

12) Pierre Barbéris,《발자크적인 신화들 Mythes Balzaciens》, Colin, 1972, p.350(위고에 대해 언급).

13)《미메시스 Mimésis》, Gallimard, 'Tel' 총서, 1984, p.485.

14) 1902년 10월 15일자《라 플륌 La Plume》에서, 〈에밀 졸라에 관한 조사 Enquête sur Émile Zola〉.

15)《소설 미학과 이론 Esthétique et théorie du roman》, Gallimard, 1978, p.440-473.

16) Pierre Barbéris,《발자크의 세계 Le Monde de Balzac》, Arthaud, 1973 참조.

17) René-Pierre Colin,《졸라 배반자들과 동맹자들: 자연주의 공화국 Zola Renégats et alliés: La République naturaliste》, P.U.L., 1988 참조.

18) Marthe Robert,《소설에 대한 혐오: 플로베르에 대한 연구 En haine du roman: étude sur Flaubert》, Livre de Poche, 'Biblio-essais' 총서, 1984 참조.

19) 〈제약을 받는 담론 Un discours contraint〉,《시학 Poétique》n° 16, 1973.

20) Jacques Dubois, 〈자연주의 소설 읽기에 필요한 과잉 약호와 조약 Surcodage et protocole de lecture dans le roman na-

turaliste〉, 《시학 Poétique》 n° 16, 1973 참조.

21) 클로드 뒤셰에 의하면, 부차적 텍스트(hors-texte; 차후 socio-texte로 바뀜)는 텍스트의 지시 대상 체계와 동반 텍스트의 지시 체계 사이에 삼투압적인 상호 작용이 이루어지는 경계 지역이다. 독자와 텍스트가 의미를 협상하고 관리하면서 의미를 창조해 낼 수 있는 공모의 공간, 지식의 공간이 된다.〔역주〕

22) Philippe Hamon, 《기술의 분석 입문 Introduction à l'analyse du descriptif》, Hachette, 1981 참조.

23) Roman Jakobson, 《일반 언어학 개론 Essais de linguistique générale》, tome 1, Éd. de Minuit, 'Double' 총서, 1981, p.63.

24) Roman Jakobson, 《시학의 문제 Questions de poétique》, Seuil, 1973, p.139.

25) Philippe Hamon, 〈제약을 받는 담론 Un discours contraint〉, in 《문학과 사실성 Littérature et réalité》, Seuil, 1982 참조.

26) Philippe Bonnefis, 《모파상처럼 Comme Maupassant》, Presses Universitaires de Lille, 1981 참조.

27) Roger Garaudy, 《정착할 수 없는 사실주의에 대하여 D'un réalisme sans rivages》의 서문, Plon, 1963, p.14-15.

연대순으로 본 작품들

1834 Apparition du mot ⟨réalisme⟩ dans *La Revue des deux mondes*
1847 Jules Champfleury: *Chien-Caillou*
1849 Courbet: *L'Enterrement à Ornans*. Fondation d'un cénacle ⟨réaliste⟩
1850 Mort de Balzac
Naissance de Maupassant
1852 Monnier: *Grandeur et décadence de Joseph Prudhomme*
1855 Courbet: *L'Atelier du peintre*. Exposition Courbet, Champfleury en rédige le catalogue
1856 Duranty fonde la revue *Le Réalisme* (six numéros entre novembre 1856 et avril-mai 1857)
Champfleury: *Monsieur de Boisdhyver*
1857 Champfleury: *Le Réalisme* (recueil d'articles)
Le terme ⟨réalisme⟩ est prononcé lors du procès des *Fleurs du mal* de Baudelaire
Condamnation du roman de Flaubert, *Madame Bovary*, pour son ⟨réalisme grossier et offensant pour la pudeur⟩
Corot: Le Concert champêtre
Millet: Les Glaneuses
1858 Feydeau: *Fanny*
Millet: *L'Angélus*
1859 *Salon* de Baudelaire, à propos notamment de la photographie, des ⟨imaginatifs⟩ et des ⟨réalistes⟩
Manet: *Le Buveur d'absinthe*
Darwin: *L'Origine des espèces*

1860   Les Goncourt: *Charles Demailly*
       Duranty: *Le Malheur d'Henriette Gérard*
1861   Les Goncourt: *Sœur Philomène*
1862   Hugo: *Les Misérables*
       Champfleury: *Le Violon de faïence*
1863   Dans son *Salon* le critique d'art Castagnary introduit le terme de ⟨naturalisme⟩
       Salon des Refusés
1864   Les Goncourt: *Renée Mauperin*
       Zola: *Contes à Ninon*(première œuvre)
1865   Les Goncourt: *Germinie Lacerteux*
       Manet: *Olympia*
       Claude Bernard: *Introduction à la médecine expérimentale*
1866   Zola: *Mes Haines, Mon Salon*
1867   Zola: *Thérèse Raquin*
       Les Goncourt: *Manette Salomon*
       Exposition par Courbet et Manet en marge de l'Exposition universelle
       Monet: *Femmes au jardin*
1868   Zola emploie le mot ⟨naturalisme⟩ dans sa préface à la deuxième édition de *Thérèse Raquin*
       Daudet: *Le Petit Chose*
       Manet: *Portrait de M. Émile Zola*
1869   Flaubert: *L'Éducation sentimentale*
       Goncourt: *Madame Gervaisais*
       Littré à l'article ⟨Réalisme⟩ de son Dictionnaire: ⟨Néologisme. En termes d'art et de littérature, attachement à la reproduction de la nature sans idéal⟩
       Degas: *L'Orchestre de l'Opéra de Paris*
1870   Mort de Jules de Goncourt
1871   Zola: *La Fortune des Rougon*, premier volume des *Rougon-Macquart*
       Cézanne: *L'Estaque*

1872	Zola: *La Curée*
	Degas: *Le Foyer de danse à l'Opéra*
	Monet: *La Seine à Argenteuil*
1873	Daudet: *Contes du lundi*
	Duranty: *Les Combats de Françoise Duquesnoy*
	Zola: *Le Ventre de Paris*
	Cézanne: *La Maison du pendu*
	Monet: *Le Champ de coquelicots*
1874	Première exposition impressionniste(Monet, Pissarro, Sisley, Cézanne, Degas, Berthe Morisot, Renoir)
	Dîner Flaubert ou dîner des Cinq(Flaubert, Tourgueniev, Éd. de Goncourt, Daudet, Zola)
1875	Pierre Larousse: article 〈Réalisme〉 du *Grand Dictionnaire universel du XIXe siècle*
1876	Daudet: *Jack*
	Huysmans: *Marthe*
	Degas: *Le Café-concert*
	Renoir: *La Balançoire*
1877	Flaubert: *Trois contes*
	Goncourt: *La Fille Élisa*
	Zola: *L'Assommoir*. Dîner Trapp au lendemain du succès
1878	Daudet: *Le Nabab*
	Zola: *Une Page d'amour*
	Harry Alis lance *La Revue moderne et naturaliste*
1879	Goncours: *Les Frères Zemganno*(importante préface)
	Huysmans: *Les Sœurs Vatard*
	Vast et Ricouard lancent *La Revue réaliste*
	Degas: *Aux courses*
1880	Mort de Flaubert
	Zola: *Le Roman expérimental*, *Nana*
	Les Soirées de Médan(nouvelles de Zola, Huysmans, Céard, Hennique, Alexis, Maupassant)
	Cinquième exposition impressionniste

1881	Zola: *Les Romanciers naturalistes, Le Naturalisme au théâtre, Nos auteurs dramatiques, Documents littéraires* Flaubert: *Bouvard et Pécuchet* Huysmans: *En Ménage*
1881	Maupassant: *La Maison Tellier* Céard: *Une belle journée* Renoir: *Le Déjeuner des canotiers*
1882	Goncourt: *La Faustin* Huysmans: *À vau l'eau* Maupassant: *Mademoiselle Fifi* Zola: *Pot-Bouille* Manet: *Le Bar des Folies-Bergère*
1883	Maupassant: *Une vie* Alexis: *En ménage* Daudet: *L'Évangéliste* Brunetière: *Le Roman naturaliste* Bourget: *Essai de psychologie contemporaine*
1884	Huysmans: *À Rebours* Goncourt: *Chérie* Desprez/Fèvre: *Autour d'un clocher* Deprez: *L'Évolution naturaliste*(critique) Degas: *Les Repasseuses*
1885	Zola: *Germinal* Maupassant: *Bel-Ami* Goncourt inaugure le grenier d'Auteuil avec ses amis écrivains
1886	Zola: *L'Œuvre* Degas: *La Sortie du bain*
1887	Manifeste des Cinq(Rosny, Bonnetain, Guiches, Margueritte, Descaves) contre *La Terre* de Zola Huysmans: *En rade* Maupassant: *Le Horla, Mont-Oriol*

	Goncourt publie le premier volume du *Journal*
1888	Maupassant: Pierre et Jean(précédé d'une importante ⟨Étude sur le roman⟩)
	Daudet: *L'Immortel*
1889	Maupassant: *Fort comme la mort*
	Descaves: *Sous-Offs*
	Toulouse-Lautrec: *Bal au Moulin-Rouge*
	Van Gogh: *L'Homme à l'oreille coupée*
1890	Zola: *La Bête humaine*
	Monet: *début des Nymphéas*
1891	Huysmans: *Là-bas*
	Jules Huret: ⟨Enquête sur l'évolution littéraire⟩(*L'Écho de Paris*)
	Léon Bloy: ⟨Les funérailles du naturalisme⟩
1892	Zola: *La Débâcle*
	Exposition Degas
1893	Zola: *Le Docteur Pascal*
	Élection de Brunetière à l'Académie contre Zola
	Mort de Maupassant
1895	Rémy de Gourmont: *L'Idéalisme*
1896	Mort d'Éd. de Goncourt
1898	Zola: ⟨J'accuse⟩
1902	Mort de Zola
1907	Mort de Huysmans

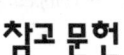

참고 문헌

1. 소설론

LUKÀCS Georg, *La Théorie du roman*, Gonthier, 1979, Bibl. 〈Médiations〉, l'édition originale est de 1920.

AUERBACH Erich, *Mimésis, la représentation de la réalité dans la littérature occidentale*, Gallimard, 1968 pour la trad. fr.; repris en coll. 〈Tel〉.

L'ouvrage majeur sur la question.

BAKHTINE Mikhaïl, *Esthétique et théorie du roman*, Gallimard, 1978 pour la trad fr., notamment intéressant pour l'analyse du style du roman, et de la connexion temps-espace(ou 〈chronotope〉);

Esthétique de la création verbale, Gallimard, 1984 pour la trad. fr., en particulier la partie 〈Le roman d'apprentissage dans l'historie du réalisme〉.

2. 사전

DUCROT Oswald et TODOROV Tzvetan, *Dictionnaire encyclopédique des sciences du langage*, Seuil, 1972, repris en coll. 〈Points〉, article 〈Les discours de fiction〉.

GREIMAS A. J. et COURTÉS Joseph, *Sémiotique: dictionnaire raisonné de la théorie du langage*, Hachette, 1979, articles 〈Vraisemblable〉, 〈Référence〉, 〈Référent〉.

PAVIS Patrice, *Dictionnaire du théâtre*, Éditions Sociales, 1980, article 〈Mimésis〉.

MITTERAND Henri, article 〈Réalisme〉 du *Grand Atlas des littératures*, Encyclopaedia Universalis, 1990.

CORVIN Michel, *Dictionnaire encyclopédique du Théâtre*, Bordas, 1991, article 〈Mimésis〉.

FARCY Gérard-Denis, *Lexique de la critique*, PUF, 1991, article 〈Mimésis〉.

3. 시학

ARISTOTE, *La Poétique*, Seuil ou Livre de poche. Le point d'origine pour toute discussion sur la question de la 〈mimésis〉.

JAKOBSON Roman, 〈Du réalisme artistique〉(1921), in *Théorie de la littérature*, textes réunis et présentés par T. Todorov, Seuil, 1965;
Essais de linguistique générale, Éd. de Minuit, 1963, repris en deux tomes en coll. 〈Double Minuit〉;
Questions de poétique, Seuil, 1973, notamment le chap. 〈Notes marginales sur la prose du poète Pasternak〉.

BARTHES Roland, 〈L'effet de réel〉, *Communications* n° 11, 1968, texte repris dans le collectif Littérature et réalité, Seuil, 1982;
〈Introduction à l'analyse structurale des récits〉, *Communications* n° 8, 1966.

GENETTE Gérard, *Figures II*, Seuil, 1969, chapitre 〈Vraisemblance et motivation〉;
Mimologiques, Seuil, 1976.

RIFFATERRE Michael, *La Production du texte*, Seuil, 1979.

HAMON Philippe, *Introduction à l'analyse du descriptif*, Hachette, 1981;
〈Pour un statut sémiologique du personnage〉, in *Poétique du récit* (ouvrage collectif), Seuil, coll. 〈Points〉, 1977;
〈Un discours contraint〉, in *Littérature et réalité*.

BARTHES, BERSANI, HAMON, RIFFATERRE, WATT, *Littérature et réalité*, Seuil, coll. 〈Points〉, 1982. Propose cinq contributions intéressantes.
PAVEL Thomas, *Univers de la fiction*, Seuil, 1988.
MITTERAND Henri, *Le Regard et le Signe: poétique du roman réaliste et naturaliste*, PUF, 1987;
L'Illusion réaliste: de Balzac à Aragon, PUF, 1994.

4. 사회학, 사회 비평, 담론 분석
──Sociologie/sociocritique
GOLDMAN Lucien, *Pour une sociologie du roman*, Gallimard, 1965. Repris en coll. 〈Tel〉.
ZÉRAFFA Michel, *Roman et société*, PUF, 1971.
DUBOIS Jacques, *L'Assommoir de Zola. Société, discours, idéologie*, Larousse, 1973.
GRIVEL Charles, *Production de l'intérêt romanesque*, Mouton, 1973.
BARBERIS Pierre, *Le Monde de Balzac*, Arthaud, 1973;
Aux sources du réalisme: aristocrates et bourgeois, UGE, coll. 〈10/18〉, 1978.
DUCHET Claude éd., *Sociocritique*, Nathan, 1979.
MITTERAND Henri, *Le Discours du roman*, PUF, 1980.
BOURDIEU Pierre, *Les Règles de l'art*, Seuil, 1992. Il y est notamment question de Flaubert.
──Analyse du discours
MAINGUENEAU Dominique, *Le Contexte de l'œuvre: énonciation, écrivain, société*, Dunod, 1993.

5. 사실임직함의 개념
SCHERER Jacques, *La Dramaturgie classique*, Nizet, 1951.
KIBEDI-VARGA Aron, *Rhétorique et littérature, études de structures*

classiques, Didier, 1970;

Les Poétiques du classicisme, Aux amateurs de livres, 1990. Ouvrage précieux offrant un large choix de textes théoriques commentés.

FORESTIER Georges, *Introduction à l'analyse des textes classiques*, Nathan, coll. ⟨128⟩, 1993.

6. 19세기 사실주의와 자연주의 경향

L'histoire du mouvement est rythmée par des préfaces célèbres. On les trouvera réunies dans:

COULET Henri, *Idées sur le roman*, Larousse, 1992.

Pour les articles de Champfleury, voir *Le Réalisme*, Hermann, coll. ⟨Savoir⟩, 1973.

Pour les Goncourt, signalons *Préfaces et manifestes littéraires*, Slatkine, coll. ⟨Ressources⟩, 1980.

Pour le procès de *Madame Bovary*, voir l'édition ⟨Folio⟩ du roman.

La correspondance de Flaubert contient de nombreuses observations sur la technique romanesque et le style.

Intéressants également, de Zola, les *Écrits sur l'art*, Gallimard, coll. ⟨Tel⟩, 1991.

Le Journal des Goncourt a été réédité en trois tomes par Robert Kopp chez Laffont, 1989.

Sur 'réalisme' et 'naturalisme,' deux ouvrages déjà anciens restent intéressants:

DUMESNIL René, *L'Époque réaliste et naturaliste*, Jules Tallandier, 1946.

MARTINO Pierre, *Le Naturalisme français*, 1870-1895, Colin, 1951(5^e éd. revue et corrigée).

L'étude a été sensiblement renouvelée par les auteurs suivants:

CHEVREL Yves, *Le Naturalisme*, PUF, 1982.

MITTERAND Henri, *Le Naturalisme*, PUF, coll. 〈Que sais-je?〉, 1986.
COLIN René-Pierre, *Zola, Renégats et alliés: la République naturaliste*, Presses universitaires de Lyon, 1988.
PAGÈS Alain, *Le Naturalisme*, PUF, coll. 〈Que sais-je?〉, 1989.
BECKER Colette, *Lire le réalisme et le naturalisme*, Dunod, 1992.
BAGULEY David, *Le Naturalisme et ses genres*, Nathan, coll. 〈Le texte à l'œuvre〉, 1995.

7. 사실주의 작품들의 기원

BECKER Colette, *Le Fabrique de Germinal*, SEDES, 1985.
ZOLA Émile, *Carnets d'enquête*, présentés par H. Mitterand, Plon, 1986.
FLAUBERT Gustave, *Carnets de travail*, édition critique et génétique établie par P.-M. de Biasi, Balland, 1987.

8. 전문학술지

Poétique n° 16(〈Le discours réaliste〉), 1973.
Revue des Sciences humaines n° 160(〈Naturalisme〉), 1974.
Fabbula n° 2(〈Les référents du roman〉), 1983.
T. L. E.(Théorie littérature enseignement) n° 3, 4, 5, 6,(1983-1988)
Littérature n° 70(〈Médiations du soicial〉), 1988.
Littérature n° 94(〈Réalismes〉), 1994.

색인

《감정 교육 L'Éducation sentimentale》
　90,92,96,102,105,106,109,112,114,
　152,158,161,181,183,195
《거꾸로 A Rebours》　123,124
《걸작 L'Œuvre》　160,194
《검토 Examen》　33
고골리 Gogol, N. V.　45
《고리오 영감 Père Goriot》　67,102,
　160,162
공쿠르 Goncourt, Edmond　94,95,
　118,121,124,190
공쿠르 형제 Edmond Goncourt
　and Jules Goncourt　14,17,29,38,
　66,67,73,85,86,91,93,95,117,125,126,
　128,129,141,174,189,190,191,194,195
《금지 L'Interdiction》　142
《나나 Nana》　47,153,157,160,166,180
노발리스 Novalis　44
《누보로망을 위하여 Pour un
　nouveau roman》　41
도데 Daudet, A.　121
도스토예프스키 Dostoyevsky, F.
　M.　124
《돈 L'Argent》　112,166
《되찾은 시간 Le Temps retrouvé》
　51,200
뒤랑티 Duranty　123
뒤셰 Duchet, Claude　56

드가 Degas, H. -G. -E.　181
디드로 Diderot, D.　168
디포 Defoe, D.　21
라루스 Larousse, Pierre　19,20,38
라블레 Rabelais, F.　25,84
라신 Racine. J. -B.　28,33,34
《라신과 셰익스피어 Racine et
　Shakespeare》　28
라 파예트 La Fayette, M. -M. P.
　de la V., comtesse de　32
랑송 Lanson, Gustave　25
레네 Resnais, Alain　40
《레미제라블 Les Misérables》　44,79
로맹 Romains, Jules　162,199
《로베르 소사전 Le Petit Robert》
　18,20
로브 그리예 Robbe-Grillet, A.　41,42
《루공 가의 운명 La Fortune des
　Rougon》　110,147
《루공 마카르 Rougon-Macquart》
　66,67,69,75,103,110,112,113,114,122,
　150,158,160,162
루카치 Lukàcs, Georg　54
《뤼 블라스 Ruy Blas》　35
《뤼시앵 뢰뱅 Lucien Leuven》　82,
　88,111,149,175
《르네 René》　158
《르 시드 Le Cid》　33

리처드슨 Richardson, S.　21
리카르두 Ricardou, C.　42,143
마그리트 Magritte, R. F. -G.　28
마네 Manet, É　179,194
《마네트 살로몽 Manette Salomon》 194,195
《마농 레스코 Manon Lescaut》　72
마르크스 Marx, Karl　54,55,114
마리보 Marivaux, P. C. de C. de 25
말라르메 Mallarmé, S.　44,99, 100,126
맹그노 Maingueneau, Dominique 58,59
《메당의 밤 Soirées de Médan》　121
메릴 Merrill, Stuart　103
모네 Monet, C.　50
모리악 Mauriac, François　47
모파상 Maupassant, H. -R. -A. -G. de　23,30,37,39,40,68,95, 107,121,128,147,150,158,159,168,169, 170,195
《목로주점 L'Assommoir》　24, 38,49,81,86,93,96,98,102,126,129,142, 144,151,178
몰리에르 Molière　77,78
미로 Miró, Joan　28
《미메시스 Mimésis》　11,25,41,69,71
미슐레 Michelet, J.　85,90
바르베리 Barbéris, Pierre　54,56
바르트 Barthes, Rolland　135,193
바스트 리쿠아르 Vast-Ricouard　117
바흐친 Bakhtine, Mikhail　80, 111,112
발자크 Balzac, H. de　13,19,20,21, 22,38,55,56,66,67,68,73,74,75,81,83,84, 87,88,96,101,105,108,110,112,113,125, 126,131,137,142,152,156,158,160,161, 165,176,177,180,181,193,199,200
《발자크의 세계 Le Monde de Balzac》　56
〈밥티스트 부인 Mme Baptiste〉　168
베르나르 Bernard, Claude　60,118,180
보들레르 Baudelaire, C. -P.　12, 23,122,126
보마르셰 Beaumarchais, P. -A. C. de　84
《보바리 부인 Madame Bovary》　38, 96,102,107,109,117,121,129,130,141,147, 150,159,166,172,177,179
볼테르 Voltaire　72,161
부르제 Bourget, Paul　189
부알로 Boileau, N.　44,77
《부인들의 행복 백화점 Au Bonheur des dames》　22,153
브뤼네티에르 Brunetière　119
브르통 Breton, A.　200
〈비곗덩어리 Boule-de-suif〉　121
《사랑의 한 페이지 Une page d'amour》　147,195
사로트 Sarraute, Nathalie　200
《사실주의 Réalisme》　116
《사실주의지(誌) La Revue Réaliste》 117
《사촌누이 베트 La Cousine Bette》 81,112
《사촌 퐁스 Le Cousin Pons》　81,113
상드 Sand, George　87,177
생트 뵈브 Sainte-Beuve, C. -V.　60
샤토브리앙 Chateaubriand, F. -A. -R. 158
샹플뢰리 Champfleury, Jules　116,

122,123
〈서구 문학에 나타난 현실의 재현
  La représentation de la réalité dans
  la littérature occidentale〉 25,69
《서민 Le Peuple》 85
《선의의 사람들 Les Hommes de
  bonne volonté》 162,199
《성주간 La Semaine sainte》 137
셰익스피어 Shakespeare, W. 28,
  34,79
소렐 Sorel, Julien 100,101,111,113,
  140,158,174
《소설가와 작중 인물들 Le
  Romancier et ses personnages》
  47
《소설의 이론 Théorie du roman》 54
소쉬르 Saussure, F. de 140
소크라테스 Socrates 80
소포클레스 Sopocles 33
수에토니우스 Suetonius 84
〈순박한 마음 Un cœur simple〉 107
스퀴데리 Scudéry, M. de 34
스탈 Staël, G. de 158
스탕달 Stendhal 28,35,44,67,82,
  88,101,105,110,111,113,137,140,149,
  167,175,176,181,199,
〈스톡홀름 연설 Discours de
  Stockholm〉 12
시몽 Simon, Claude 12,42
《시학 Art poétique》 44,77
〈실험소설론 Le Roman
  expérimental〉 24,60,118,119,127
《19세기 세계대백과사전 Grand
  Dictionnaire universel du XIX
  siècle》 19
아라공 Aragon, Louis 47,131,137,
  149,162,199
아리스토텔레스 Aristoteles 11,43,48
아몽 Hamon, Philippe 136,143,165
아우어바흐 Auerbach, Erich 11,25,
  69,70,71,72,76,78,79,100,101
아이스킬로스 Aeschylos 103
아이헨바움 Eikhenbaum, Boris 45
《아카데미에 보내는 편지 Lettre à
  l'Académie》 33
《안나 카레니나 Anna Karenina》 152
야콥슨 Jakobson, Roman 150,185
《어떤 귀인의 회상록 Les Mémoires
  et aventures d'un homme de
  qualité》 157
에른스트 Ernst, Max 28
《여자의 일생 Une vie》 107,158,
  159,169
《연극의 실제 La Pratique du
  thréâtre》 31
〈오르낭의 장례식 L'Enterrement à
  Ornans〉 116
오비냐크 Aubignac, F. H.,
  abbé d' 31
《올빼미당 Les Chouans》 66
《외제니 그랑데 Eugénie Grandet》
  108
《외투 Le Manteau》 45
《운명론자 자크 Jacques le fataliste》
  168
위고 Hugo, V. -M. 32,34,35,36,
  39,44,78,79,83,84
위스망스 Huysmans, J. -K. 96,
  123,124,127,128,129,135,194,195
《의혹의 시대 L'Ère du soupçon》
  200
《인간 야수 La Bête humaine》 144,

160,191
《인간 혐오자 Misanthrope》 77
《인간 희극 La Comédie humaine》 73,75,81,82,83,87,105,108,112,113, 114,162
《일기 Journal》 94,126,129,189, 190,191
《자연주의 소설가들 Romanciers naturalistes》 67,117
《자연학 La Physique》 43
《작업 수첩 Les Carnets de travail》 126,189
《장가노 형제들 Frères Zemganno》 124
《쟁탈전 La Curée》 103,195
《저 편 Là-bas》 124,129
《적과 흑 La Rouge et le Noir》 44, 67,140,142
《제르미날 Germinal》 22,47,57, 58,90,92,93,142,143,144,147,148,159, 160,162,170,182,191
《제르미니 라세르퇴 Germinie Lacerteux》 28,29,73,85,93,174,180
《조사 수첩 Les Carnets d'enquête》 126,189,191
졸라 Zola, Émile 13,17,22,23,24, 38,39,47,48,49,53,58,60,66,67,68,69,73, 75,81,82,86,90,92,93,95,96,97,99,100, 101,102,103,106,110,112,113,114,115, 116,117,118,119,121,122,123,125,126, 129,135,136,144,147,149,150,153,154, 156,160,161,165,166,172,176,177,178, 179,181,182,183,189,191,194,195,199
《초현실주의 선언 Manifeste du surréalisme》 200
《캉디드 Candide》 72,161

코르네유 Corneille, Pierre 33
《코린 Corinne》 158
쿠르베 Courbet, G. 23,25,199, 116,121,122,123,129
《크롬웰 Cromwell》 32,34,36,78
클레 Klee, Paul 51
《클레브 공작부인 La Princesse de Clèves》 32
타키투스 Tacitus 84
톨스토이 Tolstoy, L. N., Graf 153
투르게네프 Turgenev, I. S. 121
《파름의 수도원 Le Chartreuse de Parme》 67
《파리에서의 매매춘에 대하여 De la prostitution dans la ville de Paris》 53
《파리의 농부 Le Paysan de Paris》 47
《파리인들에 대한 크로키 Croquis parisiens》 195
파스칼 Pascal, Blaise 75
《패주 La Débâcle》 106,160
《페드르 Phèdre》 33,34
푸르코 Fourcauld 97
〈풀밭 위의 식사 Déjeuner sur l'herbe〉 179
퓌르티에르 Furetière, A. 25
프랑스 France, Anatole 66,67
《프랑시옹의 웃기는 이야기 L'Histoire comique de Francion》 25
프레보 Prévost d'Exiles, A. -F., A. 157
프루스트 Proust, Marcel 51,52,200
플라톤 Platon 18,46
플로베르 Flaubert, G. 13,17,21,23,

24,48,60,66,67,68,82,90,91,92,96,101,102,
106,112,114,117,121,125,126,128,129,130,
135,147,149,150,152,153,157,158,161,164,
166,175,176,177,178,179,181,188,189,193,
194,195
〈피에르와 장 Pierre et Jean〉 30,39
필딩 Fielding, H.   21,82
《현대사의 이면 L'Envers de
 l'histoire contemporaine》 74,
 88,108
호라티우스 Horatius Flaccus, Q. 80

호메로스 Homeros   25
〈화가의 작업실 L'Atelier du peintre〉
 122
《화류계 여인의 영화와 몰락
 Splendeurs et misères des
 courtisanes》 162
《황금빛 눈을 가진 소녀 La Fille
 aux yeux d'or》 88,161
《희극 배우들의 희극 Comédie des
 comédiens》 34

조성애
연세대학교 불문과 졸업
미국 뉴욕주립대학 불문학 석사
프랑스 파리3대학 불문학 박사
현재 연세대학교 불문과 강사
논문: 에밀 졸라에 대한 연구 다수
저서:《사회비평과 이데올로기 분석》
역서:《쟁탈전》《로마에서 중국까지》
《세계를 터는 강도》《프랑스를 아십니까》

현대신서
39

사실주의 문학의 이해

초판발행 : 2000년 7월 20일

지은이 : 귀 라루
옮긴이 : 조성애
펴낸이 : 辛成大
펴낸곳 : 東文選
제10-64호, 78. 12. 16 등록
110-300 서울 종로구 관훈동 74
전화 : 737-2795
팩스 : 723-4518

ISBN 89-8038-108-5 04800
ISBN 89-8038-050-X (세트)

【東文選 現代新書】

1	21세기를 위한 새로운 엘리트	FORESEEN 연구소 / 김경현	7,000원
2	의지, 의무, 자유	L. 밀러 / 이대희	6,000원
3	사유의 패배	A. 핑켈크로트 / 주태환	7,000원
4	문학이론	J. 컬러 / 이은경·임옥희	7,000원
5	불교란 무엇인가	D. 키언 / 고길환	6,000원
6	유대교란 무엇인가	N. 솔로몬 / 최창모	6,000원
7	20세기 프랑스철학	E. 매슈스 / 김종갑	8,000원
8	강의에 대한 강의	P. 부르디외 / 현택수	6,000원
9	텔레비전에 대하여	P. 부르디외 / 현택수	7,000원
10	고고학이란 무엇인가	P. 반 / 박범수	근간
11	우리는 무엇을 아는가	T. 나겔 / 오영미	5,000원
12	에쁘롱	J. 데리다 / 김다은	7,000원
13	히스테리 사례분석	S. 프로이트 / 태혜숙	7,000원
14	사랑의 지혜	A. 핑켈크로트 / 권유현	6,000원
15	일반미학	R. 카이유와 / 이경자	6,000원
16	본다는 것의 의미	J. 버거 / 박범수	10,000원
17	일본영화사	M. 테시에 / 최은미	7,000원
18	청소년을 위한 철학교실	A. 자카르 / 장혜영	7,000원
19	미술사학 입문	M. 포인턴 / 박범수	8,000원
20	클래식	M. 비어드·J. 헨더슨 / 박범수	6,000원
21	정치란 무엇인가	K. 미노그 / 이정철	6,000원
22	이미지의 폭력	O. 몽젱 / 이은민	8,000원
23	청소년을 위한 경제학교실	J. C. 드루엥 / 조은미	근간
24	순진함의 유혹	P. 브뤼크네르 / 김웅권	9,000원
25	청소년을 위한 이야기 경제학	A. 푸르상 / 이은민	근간
26	부르디외 사회학 입문	P. 보네위츠 / 문경자	7,000원
27	돈은 하늘에서 떨어지지 않는다	K. 아른트 / 유영미	6,000원
28	상상력의 세계사	R. 보이아 / 김웅권	9,000원
29	지식을 교환하는 새로운 기술	A. 벵토릴라 外 / 김혜경	6,000원
30	니체 읽기	R. 비어즈워스 / 김웅권	6,000원
31	노동, 교환, 기술	B. 데코사 / 신은영	6,000원
32	미국만들기	R. 로티 / 임옥희	근간
33	연극의 이해	A. 쿠프리 / 장혜영	8,000원
34	라틴문학의 이해	J. 가야르 / 김교신	8,000원
35	여성적 가치의 선택	FORESEEN연구소 / 문신원	7,000원
36	동양과 서양 사이	L. 이리가라이 / 이은민	7,000원
37	영화와 문학	R. 리처드슨 / 이형식	8,000원
38	분류하기의 유혹	G. 비뇨 / 임기대	근간
39	사실주의 문학의 이해	G. 라루 / 조성애	8,000원
40	윤리학 — 악에 대한 의식에 관하여	A. 바디우 / 이종영	근간

41	武士道란 무엇인가	新渡戶稻造 / 심우성	근간
42	진보의 미래	D. 르쿠르 / 김영선	근간
43	중세에 살기	J. 르 고프 外 / 최애리	8,000원
44	쾌락의 횡포·상	J. C. 기유보 / 김웅권	근간
45	쾌락의 횡포·하	J. C. 기유보 / 김웅권	근간
46	운디네와 지식의 불	B. 데스파냐 / 김웅권	근간
47	이성의 한가운데서	A. 퀴노 / 최은영	근간
48	도덕적 명령	FORESEEN 연구소 / 우강택	근간
49	망각의 형태	M. 오제 / 김수경	근간
50	느리게 산다는 것의 의미	P. 쌍소 / 김주경	7,000원
51	나만의 자유를 찾아서	C. 토마스 / 문신원	6,000원
52	음악적 삶을 위하여	M. 존스 / 송인영	근간
53	나의 철학 유언	J. 기통 / 권유현	8,000원
54	타르튀프 / 서민귀족	몰리에르 / 덕성여대극예술비교연구회	8,000원
55	판타지 산업	A. 플라워즈 / 박범수	근간
56	이탈리아 영화사	L. 스키파노 / 이주현	근간
57	홍 수	J. M. G. 르 클레지오 / 신미경	근간
58	일신교 - 성경과 철학자들	E. 오르티그 / 전광호	6,000원
59	프랑스 시의 이해	A. 바이양 / 김다은·이혜지	8,000원
60	종교철학	J. P. 힉 / 김희수	근간
61	고요함의 폭력	V. 포레스테 / 박은영	근간
62	소녀, 선생님 그리고 신	E. 노르트호펜 / 안상원	근간
63	미학개론 — 예술철학입문	A. 셰퍼드 / 유호전	근간
64	논증 — 담화에서 사고까지	G. 비뇨 / 임기대	근간
65	역사 — 성찰된 시간	F. 도스 / 김미겸	근간

【東文選 文藝新書】

1	저주받은 詩人들	A. 뻬이르 / 최수철·김종호	개정근간
2	민속문화론서설	沈雨晟	40,000원
3	인형극의 기술	A. 훼도토프 / 沈雨晟	8,000원
4	전위연극론	J. 로스 에반스 / 沈雨晟	12,000원
5	남사당패연구	沈雨晟	10,000원
6	현대영미희곡선(전4권)	N. 코워드 外 / 李辰洙	각 4,000원
7	행위예술	L. 골드버그 / 沈雨晟	절판
8	문예미학	蔡 儀 / 姜慶鎬	절판
9	神의 起源	何 新 / 洪 熹	16,000원
10	중국예술정신	徐復觀 / 權德周	24,000원
11	中國古代書史	錢存訓 / 金允子	14,000원
12	이미지 — 시각과 미디어	J. 버거 / 편집부	14,000원
13	연극의 역사	P. 하트놀 / 沈雨晟	절판
14	詩 論	朱光潛 / 鄭相泓	9,000원
15	탄트라	A. 무케르지 / 金龜山	10,000원

16	조선민족무용기본	최승희	15,000원
17	몽고문화사	D. 마이달 / 金龜山	8,000원
18	신화 미술 제사	張光直 / 李 徹	10,000원
19	아시아 무용의 인류학	宮尾慈良 / 沈雨晟	절판
20	아시아 민족음악순례	藤井知昭 / 沈雨晟	5,000원
21	華夏美學	李澤厚 / 權 瑚	15,000원
22	道	張立文 / 權 瑚	13,000원
23	朝鮮의 占卜과 豫言	村山智順 / 金禧慶	15,000원
24	원시미술	L. 아담 / 金仁煥	16,000원
25	朝鮮民俗誌	秋葉隆 / 沈雨晟	12,000원
26	神話의 이미지	J. 캠벨 / 扈承喜	근간
27	原始佛敎	中村元 / 鄭泰爀	8,000원
28	朝鮮女俗考	李能和 / 金尙憶	12,000원
29	朝鮮解語花史(조선기생사)	李能和 / 李在崑	25,000원
30	조선창극사	鄭魯湜	7,000원
31	동양회화미학	崔炳植	9,000원
32	性과 결혼의 민족학	和田正平 / 沈雨晟	9,000원
33	農漁俗談辭典	宋在璇	12,000원
34	朝鮮의 鬼神	村山智順 / 金禧慶	12,000원
35	道敎와 中國文化	葛兆光 / 沈揆昊	15,000원
36	禪宗과 中國文化	葛兆光 / 鄭相泓·任炳權	8,000원
37	오페라의 역사	L. 오레이 / 류연희	절판
38	인도종교미술	A. 무케르지 / 崔炳植	14,000원
39	힌두교의 그림언어	안넬리제 外 / 全在星	9,000원
40	중국고대사회	許進雄 / 洪 熹	22,000원
41	중국문화개론	李宗桂 / 李宰碩	15,000원
42	龍鳳文化源流	王大有 / 林東錫	17,000원
43	甲骨學通論	王宇信 / 李宰錫	근간
44	朝鮮巫俗考	李能和 / 李在崑	12,000원
45	미술과 페미니즘	N. 부루드 外 / 扈承喜	9,000원
46	아프리카미술	P. 윌레뜨 / 崔炳植	절판
47	美의 歷程	李澤厚 / 尹壽榮	22,000원
48	曼茶羅의 神들	立川武藏 / 金龜山	절판
49	朝鮮歲時記	洪錫謨 外/李錫浩	30,000원
50	하 상	蘇曉康 外 / 洪 熹	절판
51	武藝圖譜通志 實技解題	正 祖 / 沈雨晟·金光錫	15,000원
52	古文字學첫걸음	李學勤 / 河永三	9,000원
53	體育美學	胡小明 / 閔永淑	10,000원
54	아시아 美術의 再發見	崔炳植	9,000원
55	曆과 占의 科學	永田久 / 沈雨晟	8,000원
56	中國小學史	胡奇光 / 李宰碩	20,000원
57	中國甲骨學史	吳浩坤 外 / 梁東淑	근간

58 꿈의 철학	劉文英 / 河永三	22,000원
59 女神들의 인도	立川武藏 / 金龜山	13,000원
60 性의 역사	J. L. 플랑드렝 / 편집부	18,000원
61 쉬르섹슈얼리티	W. 챠드윅 / 편집부	10,000원
62 여성속담사전	宋在璇	18,000원
63 박재서희곡선	朴栽緒	10,000원
64 東北民族源流	孫進己 / 林東錫	13,000원
65 朝鮮巫俗의 硏究(상·하)	赤松智城·秋葉隆 / 沈雨晟	28,000원
66 中國文學 속의 孤獨感	斯波六郞 / 尹壽榮	8,000원
67 한국사회주의 연극운동사	李康列	8,000원
68 스포츠인류학	K. 블랑챠드 外 / 박기동 外	12,000원
69 리조복식도감	리팔찬	절판
70 娼 婦	A. 꼬르벵 / 李宗旼	20,000원
71 조선민요연구	高晶玉	30,000원
72 楚文化史	張正明	근간
73 시간 욕망 공포	A. 꼬르벵	근간
74 本國劍	金光錫	40,000원
75 노트와 반노트	E. 이오네스코 / 박형섭	절판
76 朝鮮美術史硏究	尹喜淳	7,000원
77 拳法要訣	金光錫	10,000원
78 艸衣選集	艸衣意恂 / 林鍾旭	14,000원
79 漢語音韻學講義	董少文 / 林東錫	10,000원
80 이오네스코 연극미학	C. 위베르 / 박형섭	9,000원
81 중국문자훈고학사전	全廣鎭 편역	15,000원
82 상말속담사전	宋在璇	10,000원
83 書法論叢	沈尹默 / 郭魯鳳	8,000원
84 침실의 문화사	P. 디비 / 편집부	9,000원
85 禮의 精神	柳 肅 / 洪 熹	10,000원
86 조선공예개관	日本民芸協會 편 / 沈雨晟	30,000원
87 性愛의 社會史	J. 솔레 / 李宗旼	12,000원
88 러시아미술사	A. I. 조토프 / 이건수	16,000원
89 中國書藝論文選	郭魯鳳 選譯	25,000원
90 朝鮮美術史	關野貞	근간
91 美術版 탄트라	P. 로슨 / 편집부	8,000원
92 군달리니	A. 무케르지 / 편집부	9,000원
93 카마수트라	바짜야나 / 鄭泰爀	10,000원
94 중국언어학총론	J. 노먼 / 全廣鎭	18,000원
95 運氣學說	任應秋 / 李宰碩	8,000원
96 동물속담사전	宋在璇	20,000원
97 자본주의의 아비투스	P. 부르디외 / 최종철	6,000원
98 宗教學入門	F. 막스 뮐러 / 金龜山	10,000원
99 변 화	P. 바츨라빅크 外 / 박인철	10,000원

100 우리나라 민속놀이	沈雨晟	15,000원
101 歌訣(중국역대명언경구집)	李宰碩 편역	20,000원
102 아니마와 아니무스	A. 융 / 박해순	8,000원
103 나, 너, 우리	L. 이리가라이 / 박정오	10,000원
104 베케트연극론	M. 푸크레 / 박형섭	8,000원
105 포르노그래피	A. 드워킨 / 유혜련	12,000원
106 셸 링	M. 하이데거 / 최상욱	12,000원
107 프랑수아 비용	宋 勉	18,000원
108 중국서예 80제	郭魯鳳 편역	16,000원
109 性과 미디어	W. B. 키 / 박해순	12,000원
110 中國正史朝鮮列國傳(전2권)	金聲九 편역	120,000원
111 질병의 기원	T. 매큐언 / 서 일·박종연	12,000원
112 과학과 젠더	E. F. 켈러 / 민경숙·이현주	10,000원
113 물질문명·경제·자본주의	F. 브로델 / 이문숙 外	절판
114 이탈리아인 태고의 지혜	G. 비코 / 李源斗	8,000원
115 中國武俠史	陳 山 / 姜鳳求	18,000원
116 공포의 권력	J. 크리스테바 / 서민원	근간
117 주색잡기속담사전	宋在璇	15,000원
118 죽음 앞에 선 인간(상·하)	P. 아리에스 / 劉仙子	각권 8,000원
119 철학에 관하여	L. 알튀세르 / 서관모·백승욱	10,000원
120 다른 곳	J. 데리다 / 김다은·이혜지	8,000원
121 문학비평방법론	D. 베르제 外 / 민혜숙	12,000원
122 자기의 테크놀로지	M. 푸코 / 이희원	12,000원
123 새로운 학문	G. 비코 / 李源斗	22,000원
124 천재와 광기	P. 브르노 / 김웅권	13,000원
125 중국은사문화	馬 華·陳正宏 / 강경범·천현경	12,000원
126 푸코와 페미니즘	C. 라마자노글루 外 / 최 영 外	16,000원
127 역사주의	P. 해밀턴 / 임옥희	12,000원
128 中國書藝美學	宋 民 / 郭魯鳳	16,000원
129 죽음의 역사	P. 아리에스 / 이종민	13,000원
130 돈속담사전	宋在璇 편	15,000원
131 동양극장과 연극인들	김영무	15,000원
132 生育神과 性巫術	宋兆麟 / 洪 熹	20,000원
133 미학의 핵심	M. M. 이턴 / 유호전	14,000원
134 전사와 농민	J. 뒤비 / 최생열	18,000원
135 여성의 상태	N. 에니크 / 서민원	22,000원
136 중세의 지식인들	J. 르 고프 / 최애리	18,000원
137 구조주의의 역사(전4권)	F. 도스 / 이봉지 外	각권 13,000원
138 글쓰기의 문제해결전략	L. 플라워 / 원진숙·황정현	18,000원
139 음식속담사전	宋在璇 편	16,000원
140 고전수필개론	權 瑚	16,000원
141 예술의 규칙	P. 부르디외 / 하태환	23,000원

142 사회를 보호해야 한다	M. 푸코 / 박정자	16,000원
143 페미니즘사전	L. 터틀 / 호승희·유혜련	26,000원
144 여성심벌사전	B. G. 워커 / 편집부	근간
145 모데르니테 모데르니테	H. 메쇼닉 / 김다은	20,000원
146 눈물의 역사	A. 뱅상뷔포 / 김자경	18,000원
147 모더니티입문	H. 르페브르 / 이종민	24,000원
148 재생산	P. 부르디외 / 이상호	18,000원
149 종교철학의 핵심	W. J. 웨인라이트 / 김희수	18,000원
150 기호와 몽상	A. 시몽 / 박형섭	22,000원
151 융분석비평사전	A. 새뮤얼 外 / 민혜숙	16,000원
152 운보 김기창 예술론연구	최병식	14,000원
153 시적 언어의 혁명	J. 크리스테바 / 김인환	20,000원
154 예술의 위기	Y. 미쇼 / 하태환	15,000원
155 프랑스사회사	G. 뒤프 / 박 단	16,000원
156 중국문예심리학사	劉偉林 / 沈揆昊	30,000원
157 무지카 프라티카	M. 캐넌 / 김혜중	근간
158 불교산책	鄭泰爀	20,000원
159 인간과 죽음	E. 모랭 / 김명숙	23,000원
160 地中海(전5권)	F. 브로델 / 李宗畋	근간
161 漢語文字學史	黃德實·陳秉新 / 河永三	24,000원
162 글쓰기와 차이	J. 데리다 / 남수인	근간
163 朝鮮神事誌	李能和 / 李在崑	근간
164 영국제국주의	S. C. 스미스 / 이태숙·김종원	근간
165 영화서술학	A. 고드르·F. 조스트 / 송지연	근간
166 미학사전	사사키 겐이치 / 민주식	근간
167 하나이지 않은 성	L. 이리가라이 / 이은민	근간
168 中國歷代書論	郭魯鳳 譯註	25,000원

【롤랑 바르트 전집】
▨ 현대의 신화	이화여대기호학연구소 옮김	15,000원
▨ 모드의 체계	이화여대기호학연구소 옮김	18,000원
▨ 텍스트의 즐거움	김희영 옮김	15,000원
▨ 라신에 관하여	남수인 옮김	10,000원

【漢典大系】
▨ 說 苑 (上·下)	林東錫 譯註	각권 30,000원
▨ 晏子春秋	林東錫 譯註	30,000원
▨ 西京雜記	林東錫 譯註	20,000원
▨ 搜神記 (上·下)	林東錫 譯註	각권 30,000원

【기 타】
| ■ 경제적 공포 | V. 포레스테 / 김주경 | 7,000원 |

■ 古陶文字徵	高 明・葛英會	20,000원
■ 古文字類編	高 明	24,000원
■ 古文字學論集(第一輯)	中國古文字學會 편	12,000원
■ 金文編	容 庚	36,000원
■ 노력을 대신하는 것은 없다	R. 쉬이 / 유혜련	5,000원
■ 딸에게 들려 주는 작은 지혜	N. 레흐레이트너 / 양영란	6,500원
■ 딸에게 들려 주는 작은 철학	R. 시몬 셰퍼 / 안상원	7,000원
■ 못잊어	김소월 시집	3,000원
■ 미래를 원한다	J. D. 로스네 / 문 선・김덕희	8,500원
■ 밀레니엄 버그	S. 리브・C. 맥기 / 편집부	8,500원
■ 사랑의 존재	한용운 시집	3,000원
■ 산이 높으면 마땅히 우러러볼 일이다	유 향 / 임동석	5,000원
■ 서기 1000년과 서기 2000년 그 두려움의 흔적들	J. 뒤비 / 양영란	8,000원
■ 서비스는 유행을타지 않는다	B. 바게트 / 정소영	5,000원
■ 선종이야기	홍 회 편저	8,000원
■ 섬으로 흐르는 역사	김영희	10,000원
■ 소림간가권	덕 건 / 홍 회	5,000원
■ 세계사상	창간호 ~ 3호 : 각권 10,000원,	4호 : 14,000원
■ 십이속상도안집	편집부	8,000원
■ 어린이 수묵화의 첫걸음(전6권)	趙 陽	42,000원
■ 오늘 다 못다한 말은	이외수 편	6,000원
■ 오블라디 오블라다 인생은 브래지어 위를 흐른다	무라카미 하루키 / 김난주	7,000원
■ 이외수	신승근 시집	3,000원
■ 인생은 앞유리를 통해서 보라	B. 바게트 / 박해순	5,000원
■ 잠수복과 나비	J. D. 보비 / 양영란	6,000원
■ 중국기공체조	중국인민잡지사	3,400원
■ 중국도가비전양생장수술	변치중	5,000원
■ 천연기념물이 된 바보	최병식	7,800원
■ 터무니없는 한국사람 얄미운 일본사람	신윤식	6,000원
■ 原本 武藝圖譜通志	正祖 命撰	60,000원
■ 隸字編	洪鈞陶	40,000원
■ 테오의 여행 (전5권)	C. 클레망 / 양영란	각권 6,000원
■ 한글 설원 (상・중・하)	임동석 옮김	각권 7,000원
■ 한글 안자춘추	임동석 옮김	8,000원
■ 한글 수신기 (상・하)	임동석 옮김	각권 8,000원

【조병화 작품집】

■ 공존의 이유	제11시점	5,000원
■ 그리운 사람이 있다는 것은	제45시집	5,000원
■ 길	애송시모음집	10,000원

■ 개구리의 명상	제40시집	3,000원
■ 꿈	고희기념자선시집	10,000원
■ 따뜻한 슬픔	제49시집	5,000원
■ 버리고 싶은 유산	제 1시집	3,000원
■ 사랑의 노숙	애송시집	4,000원
■ 사랑의 여백	애송시화집	5,000원
■ 사랑이 가기 전에	제 5시집	4,000원
■ 시와 그림	애장본시화집	30,000원
■ 아내의 방	제44시집	4,000원
■ 잠 잃은 밤에	제39시집	3,400원
■ 패각의 침실	제 3시집	3,000원
■ 하루만의 위안	제 2시집	3,000원

【이외수 작품집】

■ 겨울나기	창작소설	7,000원
■ 그대에게 던지는 사랑의 그물	에세이	7,000원
■ 그리하여 어느 날 사랑이여		4,000원
■ 꿈꾸는 식물	장편소설	6,000원
■ 내 잠 속에 비 내리는데	에세이	7,000원
■ 들 개	장편소설	7,000원
■ 말더듬이의 겨울수첩	에스프리모음집	7,000원
■ 벽오금학도	장편소설	7,000원
■ 장수하늘소	창작소설	7,000원
■ 칼	장편소설	7,000원
■ 풀꽃 술잔 나비	서정시집	4,000원
■ 황금비늘 (1·2)	장편소설	각권 7,000원

東文選 文藝新書 127

역사주의

P. 해밀턴 [著]

임옥희 [譯]

역사주의란 고대 그리스로부터 현대에 이르기까지 어떤 형태로든 존재해 왔던 비판운동이다. 하지만 역사주의가 정확히 의미하는 것은 무엇인가? 이 명료한 저서에서 폴 해밀턴은 역사·용어·역사주의의 용도를 학습하는 데 본질적인 열쇠를 제공한다.

해밀턴은 과거와 현재에 있어서 역사주의에 주요한 사상가를 논의한다. 그는 독자들에게 역사주의와 관련된 단어를 직설적이고도 분명하게 제공한다. 역사주의와 신역사주의의 차이가 설명되고 있으며, 페미니즘과 탈식민주의와 같은 당대 논쟁과 그것을 연결시키고 있다.

《역사주의》는 문학 이론이라는 때로는 당혹스러운 분야에 익숙하지 않은 학생들이 반드시 읽어야 한다. 이 책은 이상적인 입문 지침서이며, 더 많은 학문을 위한 귀중한 기초이다.

《역사주의》는 독자들에게 필요한 지식과 배경과 이 분야의 연구에 적용할 수 있는 어휘를 제공함으로써 이 분야에 반드시 필요한 입문서이다. 폴 해밀턴은 촘촘하고 포괄적으로 다음을 안내하고 있다.

· 역사주의의 이론과 토대를 설명한다.
· 용어와 그것의 용도의 내력을 제시한다.
· 독자들에게 고대 그리스로부터 현대에 이르기까지 이 분야에서 핵심적인 사상가들을 소개한다.
· 당대 논쟁 가운데서 역사주의를 고려하면서도 페미니즘과 탈식민주의 같은 다른 비판 양식과 이 분야의 관련성을 다루고 있다.
· 더 읽을거리를 제공하는 참고문헌을 포함하고 있다.

東文選 文藝新書 121

문학비평방법론

다니엘 베르제 外
민혜숙 옮김

 문학을 공부하는 학도들과 문학 예비교실의 학생들을 위하여 기획된 이 책은, 텍스트 분석에 있어서 비평방법이라는 복잡하고도 중요한 물음에 대하여 명확히 밝히고 있다.

 인문과학과 언어학의 기여로 인하여 비평 연구방법은 20세기에 유례 없는 발전을 하였다. 사회비평·심리비평·생성비평·주제비평·텍스트비평은 자료비평에 대한 오래 된 전통을 풍성하게 해주면서 주석자들에게 명확한 접근방법을 제공하였다.
 이 책의 각장은 의뢰된 전문가들이 썼으며, 새로운 동향들에 대한 명료하고도 확실한 자료를 통해 설명을 하고 있다. 즉 각 비평의 흐름에 대한 기원, 형성, 전제 사항, 특별한 적용의 장, 경우에 따라 일어날 수 있는 제한점들을 상술하였다.
 따라서 독자는 문학 텍스트에 대한 실제적인 접근을 하는 데 이 책의 도움을 받을 수 있을 것이다. 담화와 문학을 분리할 수 없는 이러한 시대에, 이 저작은 귀중한 보즈자가 될 것이다. 비평방법들이 우리의 모든 지식을 이용하고 재분배하는 것을 보여 줌으로써, 이 책은 문학 텍스트의 실제적인 분석의 방법과 풍성한 이해의 길을 열어 준다.

東文選 文藝新書 138

글쓰기의 문제해결전략

린다 플라워 / 원진숙 · 황정현 옮김

어떻게 해야 좋은 글을 쓸 수 있을까?
인지주의식 글쓰기란 무엇인가?

이 책은 글쓰기를 목표 지향적인 문제해결 과정이라고 본다. 이 책의 저자인 린다 플라워는 기존의 결과 중심의 수사학에서 과정 중심의 접근방법으로 전환해서, 좋은 글은 어떠해야 하는가에 대한 지침이 아니라 글쓰기는 과연 어떤 과정을 거쳐서 이루어지는가에 대해 놀라우리만큼 구체적이면서도 기술적으로 보여 주고 있다. 또한 글을 계획하는 법, 아이디어를 생성하고 조직하는 법, 독자를 위해서 글을 계획하고 고쳐 쓰는 법 등에 대한 일련의 글쓰기 원리와 실제적인 쓰기 전략들을 제공해 주고 있다. 이러한 원리와 전략들은, 글쓰기를 막연하게 개개인의 타고난 재능이나 영감의 문제로만 생각하고 있는 사람들에게 현실적이면서도 실제적인 도움을 줄 수 있을 것이다. 또한 이 책은 '과정'을 중심으로 교육해야 한다는 의식은 있지만, 정작 어떻게 해야 '과정' 중심의 진정한 작문 교육을 실천할 수 있을지에 대해서는 여전히 손을 놓고 있는 상황에 처한 우리 쓰기 교육 현장에 많은 시사점을 던져 줄 것이라고 본다.

이 책이 지닌 또 다른 미덕은, 최근 작문연구 분야에서 크게 각광받고 있는 사회인지주의 작문이론의 성과를 피상적인 논의 수준에서가 아니라, 대학이라는 '학문적 담화 공동체'에 진입하려는 대학 신입생들의 글쓰기 문제와 관련지어 매우 적절하게 녹여내고 있다는 점이다. 이제까지 글쓰기 작업을 극히 사적이면서도 개인적인 행위로 보아 오던 것에 비해서, 글쓰기를 인지적 과정임과 동시에 다른 사람들과의 관계를 형성하는 사회적 행위로 보고, 이 두 가지 측면이 서로 어떻게 작용하는가를 밀도 있게 보여 주고 있는 본서는 작문이론 분야에서 그 연구사적 의의 또한 매우 크다고 하겠다.

롤랑 바르트 전집 12

텍스트의 즐거움

롤랑 바르트 / 김희영 옮김

신화·기호·텍스트·소설적인 것의 '현기증나는 이동작업'을 통하여, 프랑스와 세계에 가장 활력적인 사유체계의 개척자로 손꼽히는 롤랑 바르트는, 그의 사후 15년이 지난 오늘날까지도 프랑스 문단의 표징으로, 또는 소설 속의 인물로 여전히 우리들 가운데 자리하고 있다. 그의 모든 모색과 좌절, 혹은 기쁨은 다만 그 자신에게 국한된 것만은 아닌 오늘날의 모든 전위적 사유가들에게도 공통된 것으로, 이런 맥락에서 볼 때 그의 문학 편력에 대한 조망은 특권적인 자리를 차지한다.

이 책 속에 옮겨진 글들은 바르트의 후기 사상을 정확하게 담고 있는 것들이다. 그의 후기 작업은 '저자의 죽음'을 그 시작으로 하기 때문에, 그것을 이 책의 첫번째로 하였다. 그리고 '작품에서 텍스트로,' 그 다음에는 그의 후기 작업의 이론적인 틀을 제시하고 있는 《텍스트의 즐거움》과 《강의》가 실려 있다. 이 두 권의 책은 이미 말한 바와 같이, 그의 후기 문학 실천의 이론적 배경을 이루고 있으며, 또한 그가 생전에 출판하기를 허락한 유일한 일기인 〈심의〉도 여기에 실려 있는데, 우리는 이를 통해 그의 말년의 문학적 관심사가 무엇이었나를 소상하게 알 수 있다.

이외에도 이 책에는 편역자인 김희영 교수가 바르트의 사유체계를 비교적 잘 이해하는 데 필요하다고 생각한 3편의 주요한 대담을 싣고 있다. 그 첫번째는 히스와의 대담으로 그의 기호학적인 입장, 문학기호학이 문학사회학으로 어떻게 새롭게 주조될 수 있는지를 비교적 소상하게 밝혀 주고 있다. 두번째 대담인 브로시에와의 대담은 바르트 글의 난해성이 대부분 그의 용어 사용에 있으며, 이런 용어에 대한 정확한 이해 없이는 그의 사유체계를 파악하기 힘들다는 점에서, 바르트의 후기 작업에 나타난 용어들을 저자 자신의 설명을 통해 이해하는 것을 목표로 하고 있다.

東文選 文藝新書 135

여성의 상태
-서구 소설에 나타난 여성상

나탈리 에니크 / 서민원 옮김

　여성의 이력에 제공된 가능성의 공간은 수많은 소설들 속에 펼쳐져 있고, 여전히 현대 작품들의 소재이기도 하다. 결혼을 앞둔 처녀, 배우자와 어머니·정부·노처녀 등 여성의 다양한 상태들은 우리에게 친숙한 작품을 이루는 범주들이다. 또한 세상 사람들이 편애하는 매개수단으로써의 소설적인 문화에 의해서 뿐만 아니라, 그 범주들은 명백히 현세계의 경험과도 밀접한 관계를 맺고 있다. 어쨌든 여기서 말하는 친숙함이란 지성이나 이해를 의미하는 것은 아니다. 이를테면 문화적인 체계의 관점으로부터 어느 정도 거리를 두고서, 인류학자의 '먼 시선'만이 앎의 질서에 다름 아닌 작품의 구성 요소들과 더불어 이해의 질서라고 할 수 있는 작품의 내적이고도 필연적인 논리를 설명할 수 있을 것이다.
　이 글은 서구 픽션에 있어서 다양한 여성들의 상태에 대한 단순한 나열이나 리스트 이상의 것을 지향한다. 이를테면 이 다양한 가능성의 공간들을 구성하는 커다란 개념에 대한 이해와 관련된 것이다. 즉 이러한 형곽들은 어떻게 분절되는지, 또 이곳에서 저곳으로의 이동이 어떻게 일어나게 되는지, 그것을 고찰하면서 동시에 허구가 현실과 맺고 있는 작용을 분석하는 것에 우리의 목적이 있다. 체계의 총체적 논리, 그것의 이유와 방법을 이해하는 것에 다름아닌 것이다. 살아 있는 세상에 대한 경험으로써 이러한 상태를 다룬 서구 문학은 그 상태들에 우리가 친숙해지도록 해왔다. 고전으로부터 애정소설에 이르기까지, 샬럿 브론테로부터 조르주 오네까지, 오노레 드 발자크로부터 마르그리트 뒤라스까지, 토머스 하디로부터 델리까지, 헨리 제임스로부터 대프니 뒤 모리에까지 말이다. 그 구조들 속에서 '먼 시선'으로 떠오르는 여성의 동일성을 통해, 이 책은 인류학이 어떻게 서구 문화의 소산인 소설에 대해 관점을 가질 수 있는가를 보여주고 있다.

돌담선

《얀 이야기》 © 2000 JUN MACHIDA

東文選 文藝新書 133

미학의 핵심

마르시아 뮐더 이턴

유호전 옮김

 이 책의 저자 마르시아 이턴은 현대의 넘쳐나는 미적·예술적 사건들을 특유의 친절함과 박식함으로 진단한다. 소크라테스에서 데리다에 이르기까지 고대와 현대를 어려움 없이 넘나들며 때로는 미적 가치로, 때로는 도덕적 가치로 예술의 모든 장르를 재단한다. 미학의 본질을 파악할 수 있도록 핵심 용어와 이론을 정의하고 소개하며, 혼란이 일고 있는 부분들을 적절히 노출시켜 독자의 정확한 판단을 유도한다. 결코 한쪽에 치우치지 않게 다양한 목소리를 가능한 한 수용하면서, 객관과 주관이 공존하고 형식과 맥락이 혼재하며 전통과 관습이 살아 움직이는 비평을 지향한다.

 부분적 특성이 하나의 통합적 경험으로 표출되는 미적 체험의 특수성을 역설하면서, 개인 취향의 다양성과 문화적·역사적 상이함이 초래할 수 있는 미적 대상에 대한 이질적 반응도 충분히 인정할 것을 이 책은 주장한다. 이턴은 개인적 차원의 미적·예술적 경험에 만족하지 않는다. 응용미학이나 환경미학 등 사회적 역할에 이르기까지 미학의 책임과 영역을 확대시킨다. 이 책을 읽는 독자들은 저자가 제시하는 내용들이 공허한 이론으로 끝나지 않고, 예술의 제반 현상들에 실제로 적용되는 경우를 빈번히 목격하게 되며, 결국 저자의 해박함과 노고에 미소짓지 않을 수 없을 것이다.

 이 책에서 언급되는 주제는 다음과 같다.
- 대상·제작자·감상자의 역할   ■해석·비평·미적 반응의 본질
- 예술의 언어와 맥락   ■미적 가치의 본질
- 구조주의나 해체주의와 같은 비분석적 미학의 입장
- 환경미학의 공공 정책 결정에 있어서의 미학적 문제점 등 미학의 실제적 사용

東文選 現代新書 34

라틴 문학의 이해

자크 가야르

김교신 옮김

그 기원에서부터 안토니누스 왕조의 몰락까지, 엔니우스에서 아풀레이우스까지, 라틴 문학은 힘차게 도약하고 자기를 주장하고 걸작들을 만들어 낸다. 그처럼 오랜 문학 창작의 세월은 우리에게 시간의 강을 거슬러 올라갈 것을 요구한다. 그것은 또한 우리가 형식·장르·기호의 독창성에 관해 자문할 것도 요구한다. 역사에 관해서도, 지식에 관해서도, 이 텍스트들은 어떤 상황을 필요로 한다. 오늘날 이 텍스트들을 읽을 것인가?

서구 문학(혹은 현대 문학)의 뿌리인 라틴 문학은 17세기 서구인들에겐 친숙했고, 17세기의 교양 있는 사람들은 모두 그 시대의 언어와 문학을 용이하게 다루었다. 그러나 오늘날에는 소수의 라틴어 학자를 제외하고는 라틴어로 된 라틴 문학을 읽을 사람은 많지 않다. 어떤 영화적 사건, 어떤 연극의 재상연 또는 갑작스런 유행은 한번의 관심을 불러일으킬 수 있지만, 대체로 라틴어로 된 위대한 작가들의 위대한 작품들은 여전히 대중들에겐 접근하거나 이해하기 어려운 영역으로 남아 있다. 오늘날의 현대 문화는 이들을 다시 부활시키지는 못할 것이다. 그러나 문학 창작과 사상사의 형식에 관한 성찰을 포함하는 연구의 틀 안에서 우리는 이 값진 유산에 한자리를 마련해 주어야 할 것이다.

본서는 일반인 또는 대학초년생들에게 라틴 문학에 대한 독서를 도울 수 있는 정보를 상당히 총괄적으로 제공함으로써 그들의 접근을 용이하게 해주기 위해 씌어졌다.

東文選 現代新書 33

연극의 이해
— 극작품, 연출, 연극사

알랭 쿠프리

장혜영 옮김

연극이란 바라보는 관점이다. 세상의 역사와 삶과 인간 안에 존재하는 모든 것들, 이 모든 것들은 예술이라는 요술 막대 아래에서 생각될 수 있는 것이고, 생각되어져야 한다…… 이러한 종류의 한 작품을 위해서 작가가 선택해야 하는 것은 아름다움이 아니고 특징이다.

연극을 공부한다는 것은, 문학작품인 동시에 공연의 재료가 되는 극 텍스트의 기본적인 위상에 대해 알아보는 것이다. 고전 극작품들과 현대 작품들에서 빌려온 여러 예들을 통해, 이 책은 하나의 극작품을 해석하기 위해 접근할 수 있는 방법들을 보여 주고 있다. 즉 언어 사용의 특징, 극작법, 연출 등의 요소들을 살펴보고 있다. 또한 희극·비극·드라마 등을 포함한 여러 다양한 미학적 이론들에 대해 역사적으로 살피고 있다.

본서는 대학 초년생들을 위해 기획된 것으로, 일반적인 지식과 참고할 만한 작품 목록들·방법론들을 간략하게 제시해 주고 있다.

저자 알랭 쿠프리는 현재 파리12대학교수로 연극사를 가르치고 있다.

東文選 現代新書 15

일반미학

로제 카이유와

이경자 옮김

'미'란 인간이 느끼고 내리는 평가라 할지라도, 자연의 구조는 상상 가능한 모든 미의 출발점이며 최종적인 참조 목록이다. 하지만 인간이 바로 자연의 일부분이기 때문에 그 범위가 쉽게 제한되며, 인간이 미에 대해 느끼는 감정은 생명체라는 인간의 조건과 우주의 일부분에 지나지 않는다는 생각을 하게 할 뿐이다. 그 결과 자연이 예술의 모델이 되는 것이 아니라, 오히려 예술은 자연의 특수한 경우에 해당한다. 즉 예술이란 미학이 인간의 의도나 제작행위라는 부차적인 검열과정을 거치게 될 때 생기는 자연의 특수한 경우이다. 아주 단순해 보이는 이 사실은 매우 중요한 의미를 지니고 있다.

시학으로부터 광물학, 미학으로부터 동물학, 신학으로부터 민속학에 이르기까지 폭넓은 주제에 관한 많은 저서를 남긴 로제 카이유와는, 이 책에서 '형태'·'미'·'예술'이라는 광범위한 주제에서부터 한정된 주제로 점점 좁혀가며 미적 탐구를 진행해 나가고 있다. 형성 기원이 무엇이건간에 아름답다고 평가받는 형태들에 대한 연구인 미학의 영역과, 미학의 일부분에 지나지 않는 예술의 영역을 확연하게 구분하고 있는 그는 자연의 제 형태에 관한 연구, 즉 풍경대리석과 마노 또는 귀갑석의 무늬 등에 대한 연구와 현대 예술가들의 다양한 창작 태도에 대한 관점을 간결하고도 명확하게 설명하고 있다.

東文選 現代新書 59

프랑스 시의 이해

알랭 바이양
김다은 + 이혜지 옮김

시란 무엇인가? 시적 리듬이란 무엇인가? 음악성이란 개념은 어떤 것들을 포함하는가? 시를 해석한다는 것은 무엇이며, 시를 읽는다는 것은 또 무엇인가? 그리고 즐거움은 어디에 있는가?

꼭 시를 분석해야만 그 시를 향유할 수 있는 것인가? 아마도 아닐 것이다. 사진 작가가 아니어도 풍경을 좋아할 수 있듯이, 우리는 분석하지 않고도 시를 즐길 수 있을 것이다. 헛된 논쟁은 피하도록 하자. 독자들은 문학을 오용하는 야만인들이 아니며, 주석가들도 비뚤어진 무능력자가 아니다. 읽는 것과 해설하는 것은 근본적으로 상이한 두 개의 활동이다. 전자는 미술관을 방문하거나 운동을 하는 것처럼 교양적 범주에 속하는 것이고, 후자는 인간으로 하여금 자기 자신과 자신의 행동과 자신의 사유와 자신의 쾌락을 보다 극명히 인식하도록 도와 주는 오래 된 지적 전통을 이어가고 있는 것이다.

본서는 시에 대한 다양한 정의들과 시에 관한 문헌적·언어학적 이론들, 그리고 시 분석에 대한 기초적인 방법론들이 체계적으로 정리되어 있다. 쉬운 문장으로 쓰여 있어 대학생들뿐만 아니라 시와 무관한 일반인 누구나 쉽게 읽을 수 있다.

東文選 現代新書 37

영화와 문학

로버트 리처드슨

이형식 옮김

　우리 시대의 예술을 평가하려면 그 속에 반드시 현대 문학과 영화를 포함시켜야 한다는 사실이 점점 더 분명해지고 있다. 이 책은 나아가 문학과 영화가 많은 점에서 서로 닮았기 때문에, 또 이 두 가지 예술적 표현 형태가 현대의 예술적 반응을 형성하는 데 점점 더 지배적인 역할을 하기 때문에, 둘 사이에 존재하는 연관성을 집중적으로 연구해 볼 필요가 있다고 주장한다.

　적어도 D. W. 그리피스 시대 이래로 문학이 영화에 상당한 영향을 끼쳐 온 것은 명백한 사실이며, 동시에 영화가 문학에 중요한 반향을 일으키고, 어떤 면에서는 현대적 글쓰기에 중요한 영향을 끼쳤다는 사실 또한 마찬가지로 분명한 일이다. 게다가 영화적 형식과 문학의 형식이 강한 유사성을 지니며, 영화 기법과 문학 기법이 비교될 만하다는 주장도 나올 수 있다. 문학 비평과 영화 비평이 서로에게서 많은 것을 얻을 수 있으리라는 것이 또한 나의 주장이다. 영화적 의식은 문학 독자로 하여금 위대한 글의 특징이 되는 시각적이고 청각적인 특질에 새롭게 주의를 기울이도록 하며, 문학적 훈련은 영화 이해에 깊이와 안목을 더해 준다.